MARCIA LUZ

AGORA É PRA VALER!

A VERDADEIRA HISTÓRIA DE QUEM PASSOU
DE **CHEFE** DOS OUTROS A **LÍDER** DE SI MESMO

DVS EDITORA

www.dvseditora.com.br
São Paulo, 2012

AGORA É PRA VALER!
A verdadeira história de quem passou de
CHEFE dos outros a **LÍDER** de si mesmo

Copyright© DVS Editora 2012
Todos os direitos para a língua portuguesa reservados pela editora.

Nenhuma parte dessa publicação poderá ser reproduzida, guardada pelo sistema "retrieval" ou transmitida de qualquer modo ou por qualquer outro meio, seja este eletrônico, mecânico, de fotocópia, de gravação, ou outros, sem prévia autorização, por escrito, da editora.

Produção Gráfica, Diagramação: Spazio Publicidade e Propaganda
Capa: André Siqueira (Era Eclipse)

```
Dados  Internacionais  de  Catalogação  na  Publicação  (CIP)
       (Câmara  Brasileira  do  Livro,  SP,  Brasil)

    Luz, Marcia
       Agora é pra valer! : a verdadeira história
    de quem passou de chefe dos outros a líder de
    si mesmo / Marcia Luz. -- São Paulo :
    DVS Editora, 2012.

       ISBN 978-85-88329-72-0

       1. Administração de empresas 2. Comportamento
    organizacional 3. Gerência 4. Liderança
    5. Motivação no trabalho 6. Sucesso I. Título.


12-04386                              CDD-658.4
```

Índices para catálogo sistemático:
1. Gerência : Administração de empresas   658.4

MARCIA LUZ

AGORA
É PRA VALER!

A VERDADEIRA HISTÓRIA DE QUEM PASSOU
DE **CHEFE** DOS OUTROS A **LÍDER** DE SI MESMO

www.dvseditora.com.br
São Paulo, 2012

Dedico este livro a dois grandes líderes, um mestre, outro discípulo, que me ensinaram lições fantásticas sobre liderar pessoas e alcançar resultados. São eles:

Armando Cesar Arruda e
Luiz Eduardo Bittencourt

a vocês, todo o meu respeito, admiração e gratidão!

Índice

Agradecimentos IX

Introdução XI

Prólogo 1

Capítulo 1
E foi assim que minha história se construiu 3

Capítulo 2
Existe uma luz no fim do túnel... e não é um trem! 13

Capítulo 3
É tempo de recomeçar... mas por onde? 17

Capítulo 4
Só sei que nada sei... mas desconfio de muita coisa! 21

Capítulo 5
O amargo beijo na realidade 31

Capítulo 6
De boas intenções, o inferno está cheio! 41

Capítulo 7
Agora é pra valer! 53

Capítulo 8
É assim mesmo. Um passo de cada vez 69

Capítulo 9
Um passo para frente. Dois passos para trás.
Que vontade de desistir 79

Capítulo 10
O passado, presente novamente 89

Capítulo 11
Tem coração, este caminho? 95

Capítulo 12
Hora de aprender uma nova lição 101

Capítulo 13
O mundo é realmente uma ervilha 113

Capítulo 14
A forma mais eficaz de viver é viver como um guerreiro 119

Capítulo 15
Feedback, um presente valioso 123

Capítulo 16
Quando as peças se encaixam 131

Capítulo 17
Entre o ideal e o real existe uma grande distância 135

Capítulo 18
Passando a história a limpo 141

Capítulo 19
É tempo de recomeçar 145

Capítulo 20
Fechado para balanço 155

Capítulo 21
Resgatando vínculos 159

Capítulo 22
A lição mais importante de todas 165

Capítulo 23
De volta, onde tudo começou 173

Agradecimentos

A Jesus Cristo, meu grande mestre, e o maior e melhor modelo de Líder Transformador que a humanidade já conheceu.

A legião de anjos que o próprio Jesus Cristo, tenho certeza, colocou em meu caminho para ajudar-me na missão de auxiliar seres humanos a tornarem-se líderes e pessoas melhores. São eles:

- James Mc Sill, meu *coach* literário, que esteve ao meu lado a cada frase deste livro, orientando, apoiando, apresentando-me um mundo que eu nem sonhava existir;
- Sergio Mirshawka e toda equipe da DVS Editora, que não mediram esforços para viabilizar esta obra;
- Douglas Peternela, irmão de alma, incansável na tarefa de me apoiar;
- Ricardo Ragazzo, pois se eu "dei a luz" ao título do livro, ele com certeza foi o "parteiro"!

- Alexandre Slivnik, Ana Maria Rossato, Ângela Massayo Ginbo-Lima, Armando Cesar Arruda, Baltazar Melo, Branca Barão, Elisa Lorenzi, Gustavo Cerbasi, Jefferson Xavier, Karim Khoury, Luiz Eduardo Bittencourt, Marcelli Inacio Miranda, Paulo Araújo, Stella Dapuzzo que pacientemente leram a obra, sugeriram, opinaram, ajudando-me na reta final deste trabalho;
- Ana Maria Rossato e Doralício Siqueira Filho, junto com toda equipe do Esarh, que cuidaram com todo carinho do lançamento do livro;
- Centenas de amigos do facebook que colaboraram com sugestões, palavras de incentivo e na votação da capa;
- André Siqueira, que conseguiu criar uma capa que já começa a contar a história antes mesmo de o livro ser aberto;
- Larissa Raposo, minha assessora de comunicação, prima e acima de tudo amiga de todas as horas;
- A todos os gestores que já foram meus alunos em formações gerenciais, e que com suas dificuldades para superar desafios na condução de equipes me permitiram traçar um caminho de transformação. Também agradeço àqueles gerentes que nunca saberão, mas me serviram de inspiração para dar vida ao Lucio Queiroz!!
- Meus cinco grandes tesouros: Guilherme, Natália e Juliana (filhos), Maria (mãe), Sergio Oliveira (esposo e grande amor de minha vida) que vibram e curtem a cada nova conquista que alcanço.

Introdução

Aprendemos pela dor ou pelo prazer; eu, particularmente, prefiro o caminho do prazer. Assim, nada melhor do que ler um livro que, além de proporcionar aprendizagem, também diverte, envolve e sensibiliza. Foi por isso que optei por uma parábola empresarial para introduzir os cinco princípios fundamentais da Liderança Transformadora.

Você acompanhará a saga de Lucio Queiroz, um homem que com toda certeza lembrará vários chefes que você mesmo já teve. E garanto que qualquer semelhança com a realidade não terá sido mera coincidência. Não inventei nada, nenhuma das atitudes extremas do personagem, por incrível que possa parecer, foram fruto de minha imaginação. Apenas misturei episódios protagonizados por alguns gerentes que conheci em meus vinte anos de trajetória como formadora de gestores. Quanto aos princípios, seguem o modelo que venho usando para orientar líderes na missão de conduzir colaboradores de maneira mais assertiva e eficaz. Estes mesmos princípios também se aplicam em sua caminhada rumo ao aperfeiçoamento como indivíduo. Acredito que viemos ao mundo para nos tornarmos pessoas melhores, o que só conseguiremos ajudando outros seres humanos. Desta forma, espero poder colaborar com a sua história e ao final da leitura, eu e Lucio Queiroz, convidamos você a fazer o mesmo por outras pessoas.

Prólogo

Hospital Cardio Help, São Paulo
19 de novembro
Sábado, 14h05

O fundo do poço não era o lugar onde eu queria estar nesta tarde de sábado. Mas como poderia me sentir de outra forma deitado num leito de hospital depois de quase morrer? O que me vem à cabeça não são flashbacks ou simples recordações do passado; a minha história pregressa me afeta hoje, me afeta nesse momento, embora lá vão pelo menos dez anos desde que meu mundo começou a desabar.

Primeiro, o casamento. Pensar que o vazio que sinto hoje se iniciou com Vera e eu e nossas discussões intermináveis. Vera... Vera... "Vamos parar com isto, Lucio", dizia ela, e não era a primeira vez. "Será que não dá para chegar em casa mais cedo pelo menos uma vez por semana? Você sabe o que seu filho preparou para feira de ciências? Você sabe *quando* vai ser a feira de ciências? Aliás, você ao menos sabia da existência da feira que Alexandre irá participar? Tem mais alguma coisa importante na sua vida além daquela empresa?"

Só que não foi apenas Vera. Depois, bem sei, como o poderoso Grupo Brandão contribuiu para o meu estado. Quarenta anos de dedicação na direção comercial e vice-

-presidência. Eu e Edgar Brandão construímos um império, de equipamentos de escritório a computadores. Edgar até me ofereceu sociedade. Mas, o que eu sempre quis mesmo foi ver meu único filho, Alexandre Almeida, na presidência. Almeida... Insistia em usar o sobrenome materno para não parecer que entrou na empresa apenas por ser o meu filho. Garoto de ouro.

Há poucos dias, porém, o castelo de sonhos desabou de vez! Isso me trouxe a este leito de hospital, de onde procuro entender tudo o que me aconteceu.

Capítulo 1

Hospital Cardio Help, São Paulo
Sábado, 14h55

E FOI ASSIM QUE MINHA HISTÓRIA SE CONSTRUIU

Quantas vezes entrei na empresa de peito estufado, orgulhoso porque minhas equipes batiam metas com facilidade! Mas desde o ano passado os resultados mudaram.

Carrego grandes responsabilidades nas costas. Cuido da panela de pressão chamada gerência de Call Center, dos vendedores grudados no telefone provocando vendas, anotando pedidos de clientes. Faço o mesmo pela gerência comercial, com os vendedores externos e pela gerência de atendimento, que coordena os vendedores das lojas. Mas nunca reclamei da sobrecarga de trabalho.

O pesadelo teve início com as quedas no faturamento. A grande desculpa era a crise. Isso jamais me convenceu! Na crise, enquanto alguns choram, outros vendem lenços! Não pensei duas vezes para demitir vendedores de baixo desempenho incluindo dois supervisores, o que serviu de exemplo para o restante do grupo. Consegui melhorias, mas nada muito expressivo. O ano já chegava ao fim e os resultados continuavam ruins.

Ruins mesmo.

Ruins...

Para piorar meu estado de saúde, aquele diretorzinho de Produção arrogante continuava me dando nos nervos.

Jairo... Jairo...

Nesse período precisei também aguentar críticas de Jairo culpando-me pelo baixo resultado da área comercial. Típico demagogo. O descarado é tão inadequado que joga futebol nas quintas-feiras com seus subordinados. E não é somente com os gerentes não; ele se mistura ao chão de fábrica, não se dá o devido respeito. E me critica dizendo que uso "métodos arcaicos de gerenciamento".

Era só o que me faltava!

Aos 58 anos, ter que mudar meu jeito de ser!

As críticas que partiram do Jairo... Danem-se! Acontece que meu filho passou a fazer o mesmo, de maneira mais veemente.

Há dois meses, tive um desgaste com o tal supervisor que comprou briga de um vendedor. Eu estava visitando uma loja da empresa, averiguando se tudo funcionava a contento, quando flagrei um vendedor utilizando o telefone, na área de circulação de clientes, durante o horário de atendimento, para resolver problemas pessoais. Não pude acreditar em tal descaramento! Tenho convicção de que qualquer chefe sério agiria como agi. Arranquei o aparelho das mãos dele, espatifei-o no chão. Os clientes assistiram. Aposto que ficaram satisfeitos, afinal estava representando os interesses deles, não é verdade?

No dia seguinte demiti o vendedor. O supervisor discordou desta decisão. Disse-me que era seu melhor vendedor, na empresa há quatro anos, nunca faltava ao trabalho, estava vivendo um problema de saúde na família, e só por isso usou o telefone. Papo furado! Ora, se abrirmos precedente, nunca mais conseguiremos controlar o grupo, não é mesmo? Os empregados são muito folgados! Quando damos a mão, eles querem o braço. O teimoso do supervisor continuou firme em sua opinião e pediu demissão! Problema dele. Demiti os dois. Lamentei um pouco, era um dos melhores supervisores da empresa em matéria de resultados, mas maçã podre no meio do cesto apodrece as outras.

O Alexandre, meu filho Alexandre, discordou dessa decisão. Esse povo, gerente de RH de empresa, sempre acha que devemos respeitar as pessoas. Eu respeito quem merece ser respeitado, não um irresponsável como aquele vendedor! O Alexandre, você vê, sempre foi um garoto inteligente, comprometido com objetivos, mas uma coisa é certa: ainda não tem a maturidade profissional que adquiri ao longo da vida. É muito sonhador, acredita nas baboseiras que aprendeu na faculdade de Administração, questiona minha forma de liderar os empregados. Imagine você, insiste em dizer que sou intransigente, autoritário, controlador, centralizador, uff...! e que por isso a produtividade da empresa estaria caindo. Bem me lembro das minhas tentativas de alertá-lo: "Filho, acredite menos em seus medíocres professores da faculdade e mais na voz da minha experiência! Aposto que eles jamais gerenciaram sequer uma banca de revista, imagine uma empresa como a nossa. Mande seus professores passarem uma tarde aqui comigo, para ver se insistem nesse papo de liderança servidora", disse a ele. "Além do mais, tenho certeza que minha equipe me admira, respeita". "Admiração? Nunca pensei que medo tivesse este apelido", foi o que meu filho me respondeu. Fazer o quê? Herdou a inteligência do pai, mas o péssimo gênio da mãe!

Bom, enfim recebi o que parecia ser uma boa notícia: a principal pedra no meu sapato, Jairo Martins, se aposentaria em poucos dias. Eu ficaria livre de uma vez por todas de sua inveja, críticas, ele não mais poderia me prejudicar. Isso foi o que imaginei. Como naquele momento eu seria capaz de imaginar que sua saída da empresa estaria preparando o gatilho para a destruição de todos os meus maiores sonhos e a perda de meu filho? Nos corredores do grupo Brandão não se falava em outro assunto: Jairo Martins entrou como sócio na empresa de um cunhado, no ramo de construção e incorporação, e ficará melhor ainda financeiramente. Além da aposentadoria, terá os lucros do novo negócio, que não devem ser baixos. Desejei que ele fosse feliz, desde que permanecesse longe de mim! Grande engano. O pesadelo só estava no início.

A verdade é que na semana após a saída de Jairo eu me desentendi com uma das vendedoras do Call Center. Como é mesmo o nome dela? Suzana. É isso. O que aconteceu foi o seguinte: a idiota, ou melhor, incompetente, passou uma informação errada por telefone a um cliente. Isso eu não admito! Dei uma bronca bem dada. Ela argumentou que se enganou porque o procedimento de compra havia acabado de mudar. Problema dela! A gerente da equipe interveio colocando panos quentes na situação, por peninha da vendedora que estava grávida, com um barrigão enorme. Mais um motivo para não errar: vai ficar de licença na boa vida mais de cinco meses, por conta da empresa. Saí da sala bufando, devo ter batido a porta de vidro com muita força... Estourou, partindo-se em mil pedaços.

A descontrolada da tal vendedora Suzana foi chorar na sala do Alexandre. Ele me chamou, querendo que eu me justificasse. Quanta petulância! Dela e DELE!!! Não perdi oportunidade de lhe dizer certas verdades.

– Olha aqui, meu filho, minha consciência está tranquila. Sempre fiz o melhor para empresa, ou não fiz? Se a vendedora não é capaz de lidar com os hormônios só porque está grávida, então que não arrume filhos!

– Que história é essa? Você é mesmo um grande pesadelo para os empregados. A empresa hoje está respondendo a dez processos por assédio moral movidos por ex-funcionários. Por que isso? Está esquecido? Todos eles têm como causa o desrespeito de quem? O seu, é claro! O meu é que não é.

– Ora, Alexandre, não me faça rir!

Alexandre jogou a caneta na mesa.

– Fazer rir do quê? Não contei piada alguma.

Naquela hora o meu sangue já estava todo na cabeça.

– O lucro que gero para essa droga de empresa – lembro que já disse aquilo aos gritos – é suficiente para pagar com folga esse tipo de prejuízo. Essa gente precisa aprender a se manter no seu devido lugar!

– Não aguento mais você, pai. É impossível trabalhar debaixo do mesmo teto que você. Não é este o modelo de liderança que quero para minha vida.

– Modelo de liderança, modelo de liderança. Balela!

– Estou cansado de você. Nossa convivência está ficando cada vez mais difícil.

– Os incomodados que se retirem.

– É isso mesmo que vou fazer. Como aqui é seu lugar, saio eu. Vou pedir demissão da empresa.

– Você ficou louco? – a essa altura, o andar inteiro do prédio ouvia meus gritos – Onde você pensa que irá conseguir um emprego como este? Estou preparando caminhos para que você assuma a presidência da empresa dentro em breve. Você acabou de se formar, seu único emprego foi aqui. Pensa que é fácil se recolocar no mercado?

– Pois fique sabendo que já tenho minha vaga garantida numa excelente empresa.

– O quê?

– Isso mesmo. A empresa de um profissional que admiro muito como líder.

– Você está sonhando? Enlouqueceu? Do que está falando?

– Fui convidado pelo sr. Jairo Martins para ser o Gerente de RH da empresa dele.

– O Jairo? Aquele ex-diretorzinho que aguentei todo esse tempo?

– Esse mesmo. Terei o desafio de modernizar, implantar políticas de valorização do ser humano na empresa dele. Mas nem adianta tentar te explicar. Você desconhece totalmente o significado de tratar bem as pessoas – naquele momento, Alexandre saiu da sala batendo a porta, deixando-me totalmente atordoado.

No fundo não acreditei que meu filho pudesse estar falando sério. Deixei que ele saísse para se acalmar. Mas o que aconteceu no final daquele longo dia foi mesmo muito triste: o presidente me contou que não teve outra alternativa além de aceitar a carta de demissão de Alexandre, que se mostrou irredutível.

— Precisamos mudar a maneira de gerenciar esta empresa, Lucio — comentou Edgar Brandão.

— Agora até você fazendo esse discurso de valorização do ser humano, Edgar?

— O mundo mudou, meu amigo. Você precisa mudar a forma como se relaciona com pessoas.

— Que é isso, Edgar?

— Isso mesmo. Aliás, você precisa mudar a forma como encara sua vida. Se você permite que eu seja mais honesto, vi seu casamento acabar, Lucio. Somos amigos há muito tempo. Vi como Vera tentou mostrar que sua família estava sendo deixada de lado, mas você não quis enxergar. Muitas vezes te alertei...

— O Grupo Brandão precisava de meu total empenho para crescer.

— Como dono da empresa e seu chefe, nunca exigi isso de você, Lucio.

— Eu sei. Se mergulhei de corpo e alma na empresa foi porque eu quis.

— Pois isso custou seu casamento. Agora seu jeito intransigente pode também ter custado sua relação com o seu filho. Está na hora de rever seus conceitos, Lucio. Pense nisso.

Fui para casa abaladíssimo e as coisas só pioraram, pois quando cheguei, vi que Alexandre passou por ali, levou todas as suas roupas. Meu único filho havia me abandonado! Senti um forte aperto no peito, mal tive tempo de chamar o porteiro pelo interfone, destrancar a porta. Em seguida, tudo ficou escuro.

Acordei neste quarto de hospital. Tive uma parada cardíaca quase fulminante. Só escapei da morte porque o porteiro conseguiu que eu fosse atendido com muita rapidez. Mandei avisar a empresa, meus familiares... faz três dias que estou internado... Ninguém apareceu, nenhuma visita, nem mesmo o meu filho!

Pela primeira vez na vida, estou provando o gosto amargo da solidão. Será que esta é mesmo a melhor forma de levar a vida? Como pude dedicar cada minuto de meus últimos quarenta anos àquela empresa? E agora, nenhuma visita? O presidente mandou flores; está numa viagem de negócios, em Nova York. Meus gerentes também mandaram flores, um cartão. Cartão? Apenas assinaram, sem incluir uma única palavra! O ingrato do meu filho não apareceu nem telefonou!

É esse o fundo do poço. Bem vindo à minha triste vida! Mas a vantagem de estar no fundo, como todo mundo costuma dizer, é que o único caminho possível é para cima. De alguma forma, vou encontrar uma saída, um dia vou dar boas risadas de tudo isso. Um dia... Nesse exato momento, porém, é quase impossível acreditar que tudo vai melhorar. Olho as paredes brancas deste quarto de hospital, percebo que minha vida também me parece assim, sem cor, desmaiada mesmo. Enquanto olho as gotas do soro pingarem vagarosamente em minhas veias... parece que minha vida, pingo a pingo, também se esvai, sem atribuir significado a ninguém, nem a mim mesmo. O que escreveriam em minha lápide se eu realmente tivesse morrido? Não consigo pensar em palavras carinhosas. Quem sentiria falta de mim? Que legado eu deixaria? O império que ajudei a construir em minha empresa? Talvez, mas mesmo sem mim Edgar teria descoberto outros caminhos para alcançar algo muito semelhante. Tudo o que lutei para construir para o meu filho, o cargo de presidente da empresa, ele jogou fora sem pestanejar! Como se não bastasse, nem os resultados, que me orgulhava em alcançar de olhos fechados, estou conseguindo. Onde foi que errei afinal de contas?

Capítulo 2

Hospital Cardio Help, São Paulo
Sábado, 17h10

EXISTE UMA LUZ NO FIM DO TÚNEL... E NÃO É UM TREM!

Naquele momento, Beatriz Sampaio devia estar fazendo a ronda no Hospital Cardio Help. Ainda não tivera oportunidade de me conhecer, o novo paciente que chegara há três dias. O médico avisou-me que ela viria. Vinte anos de experiência como psicóloga, dizem que consegue se surpreender com queixas, angústias dos pacientes. "Quando um coração pede socorro, as coisas não vão bem há muito tempo". Este era o seu lema. Mas eu não precisava de psicóloga, deixaria isso bastante claro quando ela chegasse. Então, que venha! A porta rangeu ao abrir.

– Bom dia, sr. Lucio Queiroz? Sou Beatriz Sampaio, psicóloga do Cardio Help, vou acompanhar seu tratamento.

– Ok. Muito obrigado – num movimento brusco ergui o corpo. – Não estou louco, nem depressivo, garanto que não pretendo cometer suicídio, portanto dispenso os seus serviços.

Beatriz olhou para mim.

— Então, sr. Lucio Queiroz, permita-me sentar, aceite minha companhia, pois disso parece que o senhor está precisando!

Aquela frase foi equivalente a um choque. Comecei convulsivamente a chorar como jamais havia feito em toda minha vida. Não entendi tal reação, tratei de esconder o rosto no travesseiro, envergonhado. Aquela mulher ruiva aproximou-se, tocou levemente em meu ombro. Chorei ainda mais.

Quando enfim consegui me controlar, procurei justificar-me:

— Não sei o que houve.

A psicóloga finalmente sentou numa cadeira próxima ao meu leito.

— Isso nunca aconteceu — continuei. — Nem mesmo no enterro do meu avô, que me tratava com tanto carinho...

— Entendo.

— Devo estar mesmo desequilibrado, dona Beatriz.

Beatriz virou-se na cadeira, olhou para mim.

— Que tal o senhor, se não se importar, me contar o que vem apertando o seu peito?

— Como, Dona Beatriz..., como você sabe que venho sentindo isso? Além de psicóloga é também vidente?

— Ao que me conste, corações não explodem de uma hora para outra, a menos que estejam sob forte pressão! Você teve um infarto do miocárdio, foi submetido a uma angioplastia coronariana de emergência. Isso não é pouca coisa.

– É verdade.

– Conte-me, então, qual é sua dor.

Comecei a falar, falar e falar. A psicóloga parecia ouvir tudo, usando pequenas expressões de entendimento, validação, de vez em quando, mas principalmente me olhava com o olhar mais doce do mundo. Nunca me senti tão profundamente ouvido como naquela situação. Foram duas horas exclusivas para mim. Como foi bom!

Beatriz levantou, encaminhou-se para a porta.

– Quando posso vê-la novamente? Meu médico disse que amanhã já devo receber alta. Como faço para encontrá-la?

Ela sorriu.

– Terei o maior prazer em auxiliá-lo, Lucio.

– A vida está me dando uma oportunidade de recomeçar.

– Uma segunda chance.

Quem sorriu agora fui eu.

– Não a desperdice! – disse Beatriz deixando o quarto, fechando a porta atrás de si.

Só então percebi no criado mudo um cartão onde estava escrito "Beatriz Sampaio – *coach* empresarial e pessoal". Uma luz no fim do túnel se acendeu, tive o palpite de que não era um trem!

Capítulo 3

Apartamento de Lucio Queiroz
Segunda-feira, 21 de novembro

É TEMPO DE RECOMEÇAR... MAS POR ONDE?

Apartamento vazio. Paredes geladas. Silêncio mortal. Será que sempre houve mesmo tanto espaço sobrando? É evidente que não. A ausência de Alexandre se fazia presente. Filho ingrato. Cinco dias no hospital, nenhuma notícia. Total descaso. Mas estava na hora de recomeçar.

Meu desejo era voltar imediatamente ao trabalho, mas fui orientado pelos médicos sobre a necessidade de manter-me longe de situações estressantes por mais alguns dias. Por acaso existe algo tão estressante quanto ficar provando solidão, abandono? Eu não sabia como preencher meus longos dias. Decidi ir até uma locadora, escolher um bom filme, relaxar.

Passei os olhos pelos títulos, vários lançamentos, mas foi na sessão de acervo que encontrei um filme que me mobilizou realmente: *Uma Segunda Chance*, estrelado por Harrison Ford.

"Nossa! Esse filme é... , assisti ou não assisti? É bem antigo. Uma segunda chance ... Uau... Não foi exatamente isso que Beatriz falou? Uma segunda chance".

Levei o DVD ao balcão.

—Vou assistir.

— Desculpe? — disse o atendente.

— Quem sabe encontro uma pista do que fazer.

— Desculpe?

Eu apenas sorri.

Mal cheguei em casa, tratei de assistir o filme. "Pronto! Travesseiro confortável, pipoca, guaraná. Tudo light, por recomendação médica. Que seja. Já posso iniciar minha sessão de cinema!", pensei.

Henry Turner, o personagem interpretado por Harrison Ford, é um frio advogado de uma grande empresa, que acabou de ganhar um caso usando de artifícios questionáveis. Em casa, é rígido, distante da filha adolescente, vive um casamento de aparência com a esposa. Henry trata todos seus relacionamentos de forma cruel, egoísta. Todavia, sua vida está para mudar radicalmente. Numa noite, vai até um mini-mercado comprar cigarros, onde está ocorrendo um assalto. É baleado, sobrevive, mas perde a memória. Submete-se a longo tratamento físico no hospital, volta para casa onde suas lembranças começam a ser refeitas lentamente. Durante este processo de reconstrução, Henry vai se revelando uma pessoa mais gentil, humana, capaz de abominar seu comportamento no passado. Tudo termina bem para o personagem que teve uma nova chance de se reconstruir como ser humano.

– Como invejo este camarada – pensei em voz alta.

Primeiro a vida lhe deu um basta, impediu que ele perdesse os tesouros mais valiosos que possuía: esposa e filha. Já não foi esse o meu caso. Depois ele consegue esquecer o passado, todas as burradas que já fez, apresenta-se ao mundo como um novo homem. Mas aquilo era filme. Em minha vida, não havia como fazer o mesmo. Minhas lembranças estavam bem presentes. As pessoas não seriam tão generosas, tolerantes comigo. Para dizer a verdade, eu nem sabia por onde começar a mudar.

Além disso, já estava um pouco mais barrigudo do que Harrison Ford. O que não quer dizer que não me considerasse charmoso. Só não estava em condições de competir em igualdade com um ator de Hollywood. Quem sabe voltando a frequentar academias de ginástica. Ri de mim mesmo apreciando minha barriga que insistia em despontar sob a camisa. Já era tarde. Eu precisava dormir. É incrível, mas enfim estava aprendendo a achar graça de mim mesmo. Quem diria que um dia faria isso? Nada como encontrar a morte cara a cara para rever a maneira de enxergar a vida. Conclui que tinha conserto. Talvez pudesse copiar lições do filme que acabara de assistir. A vida ensina, a arte encena. Por que não inverter? A arte encena, eu aprendo. Agora só ajuda do filme não seria suficiente. "Amanhã ligo para minha psicóloga preferida. Como se eu conhecesse muitas outras!", pensei. "Quem sabe ela possui um mapa do caminho que devo trilhar".

Capítulo 4

Apartamento de Lucio Queiroz
Terça-feira, 22 de novembro

SÓ SEI QUE NADA SEI... MAS DESCONFIO DE MUITA COISA!

Sonhos confusos... Sobressaltos... "Nossa, que noite! Gostaria de lembrar o que sonhei... tudo muito nebuloso, sem sentido. Rostos desconhecidos, pessoas pedindo socorro..."

Nunca acreditei mesmo que os sonhos pudessem revelar algo a meu respeito. Mas que me deixaram confuso, deixaram. Justo eu que sempre fui dono de tantas certezas! Estava ficando frouxo. Só não podia repetir o mico de cair no choro em frente da psicóloga. O que ela iria pensar? Seria papel de homem? Decidi que precisava dar um jeito de ser atendido naquele dia. "Se existe algo em mim que precisa mudar, então vamos iniciar logo com isso". Não tinha tempo a perder. Era um homem de resultados.

Um toque, dois toques. Do outro lado da linha, uma voz firme, agradável:

– Alfa Consultoria, bom dia!

– Bom dia. Consultório da doutora Beatriz Sampaio?

— Isso mesmo. Em que posso ajudá-lo?

— Eu gostaria de marcar um horário para hoje...

— Com quem falo, meu senhor?

— Doutor Lucio Queiroz — respondi procurando dar ênfase ao "doutor", na esperança de que isso impressionasse a secretária, garantisse a consulta.

— Doutor Lucio Queiroz..., a doutora Beatriz possui uma agenda bastante comprometida, mas vou ver o que posso fazer pelo senhor.

— Olha dona... como é mesmo o seu nome?

— Silvana.

— Pois bem, dona Silvana. Preciso que seja hoje — percebi que fiquei irritado, mas procurei disfarçar para não gerar antipatia. "Essas secretárias sabem complicar a vida da gente quando querem".

— Vou ver o que consigo. Preciso do numero de seu telefone para retornar.

A secretária ficou com os contatos, eu com esperança de receber retorno da ligação. Naquele momento, sentia-me incapaz de dar um único passo sem orientação. Que ironia! Exatamente eu, o dono das tais certezas, estava com o mundo de cabeça para baixo. A verdade é que senti vontade de gritar com aquela secretária, exigindo que ela marcasse um horário imediatamente, mas estes foram os caminhos que sempre trilhei e me levaram até ali, o fundo do poço. Sabia que era hora de controlar os ânimos, relacionar-me de uma nova forma. Sinceramente acreditava que uns bons trancos na secretária a fariam ficar esperta, resolver o problema mais rapidamente. "Que tentação. Só acho que a doutora Beatriz não iria gostar nada disso... Então deixa quieto. Vou aguardar." Agora até encararia um café da manhã.

    Caminhei até a cozinha. Liguei a cafeteira elétrica. Coloquei pó, água. Tive o cuidado de diminuir a quantidade. Lembrei que Alexandre não tomaria café... "Alexandre... por onde anda aquele filho ingrato? Será que está bem? Foi trabalhar mesmo ao lado do crápula Jairo Martins? Não sei por que me importo... Sei sim! Ele é meu filho. Meu único filho. Eu o amo. Amo tanto que chega a doer no peito. Dor? Será que estou passando mal novamente? Não. É só saudade. Saudade, frustração. Dor de pai que perdeu o filho. Perdi mesmo ou terei uma segunda chance?"

    O café ficou pronto. Tomei, acompanhado de torradas, uma fatia de queijo. Havia um gosto amargo na boca. Teria esquecido de escovar os dentes? Não. Ressentimento. Fiz tanto por esse filho... ou será que não fiz? Será que Vera tinha razão? Era só o que faltava... até minha ex-mulher poluindo meus pensamentos. "Se ela soubesse que estou sentado aqui esperando o telefone tocar para marcar um horário com uma psicóloga, acharia que enlouqueci". Será? Talvez. Mas era a única alternativa que conseguia enxergar. Devia conversar com Vera? Não, não. Melhor insistir na ideia da psicóloga. No mínimo, não iria dizer: "eu não te disse???" Mulheres! Mãe, esposa, é tudo igual. Será que essa psicóloga também é? Esperava que não. Estudou para ser profissional. Não poderia ficar dando conselhos baratos. Parece que sabe o que faz. "E esse telefone que não toca?"

    Tocou.

— Alô — engoli em seco.

— Por favor, o doutor Lucio Queiroz...

— Sim, sou eu. É Silvana quem está falando?

— Isso mesmo, doutor. Pode ser hoje, às 16 horas? Consegui trocar com outro cliente.

— Claro que sim. Você é ótima, Silvana. Até lá então.

Resolvido. Agora tudo iria melhorar.

O dia se arrastou. Nada de importante para fazer. Nenhum programa de TV que valesse a pena. Troquei de canal tantas vezes que achei que fosse desenvolver lesão por esforço repetitivo! Acompanhei o lento movimento dos ponteiros do relógio. Parecia que eles jamais marcariam 16 horas. Não aguentava mais esperar. Aliás, não suportava mais o ócio dos últimos dias! Queria voltar ao serviço. As recomendações médicas de descanso trabalhavam contra mim. Dessa forma, ao invés de me ajudar, os médicos conseguiriam me deixar à beira de um ataque de nervos.

15h30. "Está na hora, enfim. Vou pagar para ver".

Peguei as chaves do carro. Programei o GPS para Av. Paulista, 1791. Edifício Torre João Salem. Possuía uma boa noção de onde ficava aquele prédio, mas preferi apelar para o GPS. Silvana havia dito que ficava entre o banco Safra e o Citybank, próximo ao prédio da Fiesp. Consultório bem localizado. Prédio com estacionamento. "Nem quero pensar o quanto aquela mulher vai me cobrar. Se ela calcular o quanto estou precisando de ajuda, poderá me tirar o couro". Agora não era hora de economizar. Se tivesse morrido, minhas economias ficariam para quem? Para o filho que me abandonou? Estava mais do que na hora de cuidar de mim mesmo.

"É aqui. Vamos lá".

* * *

— Boa tarde, senhor Lucio Queiroz?

— Isso mesmo.

— Vou conduzi-lo até a sala da doutora Beatriz. Ela o aguarda.

O taier que aquela mulher vestia não era nenhuma pechincha. A sala de espera tinha o mesmo requinte. Tudo inspirava prosperidade, da secretária ao iMac em cima da mesa refletindo uma tela carmim pelos espelhos que ficavam por trás de sua cadeira. Desejei ter mais tempo para observar detalhes. Não tive. A secretária andava com rapidez, conduzindo-me firme ao consultório da psicóloga.

— Você é Silvana? — arrisquei para diminuir o formalismo da situação.

— Isso mesmo, doutor Queiroz. Pode entrar — sorriu, deixou-me na companhia daquela outra mulher que me viu chorar.

Ela me recebeu com um sorriso, a mão direita estendida. Deslumbrante. Como no outro dia não reparei que era tão bonita? Algo nela me fez lembrar Vera...

— Boa tarde, Lucio. Seja bem-vindo à nossa primeira sessão de *coaching*. Sente-se aqui, pertinho de mim — ela apontava para uma poltrona sem dúvida confortável, em frente à outra que deveria ser o lugar da psicóloga. Caramba, uma sala inteira coberta por espelhos. Coberta, modo de dizer. Talvez nem fossem tantos, mas me chamaram atenção por serem muito semelhantes aos que decoram lá fora a recepção. O que espantou mesmo foi um enorme quadro branco, como aqueles usados em sala de aula, o tipo de objeto que a gente não espera encontrar neste ambiente. A estante repleta de livros, tudo bem... "Isto aqui é consultório ou escola? Por acaso essa mulher pretende me dar aulas?"

– Olá, doutora Beatriz. Como você vê, cumpri minha promessa, cá estou.

– Estou feliz com isso. Mas vou pedir que dispensemos formalidades. Prefiro ser chamada de Beatriz. Somente Beatriz. Para que nosso trabalho dê os resultados desejados, precisamos criar um vínculo consistente.

Sentou na poltrona. Acompanhei, meio sem jeito.

– Ok, Beatriz. Preciso confessar que estou desconfortável com tudo isso. Nunca estive numa psicóloga...

– Lucio – ela me interrompeu –, então o primeiro esclarecimento que preciso fazer é que isto não é um consultório de psicologia, embora esta seja uma de minhas formações acadêmicas. O que te ofereci foram os meus serviços como *coach*, o que não é terapia.

– Não é?

Beatriz balançou a cabeça.

– Bom, então, seja lá o que for, já comecei a gostar. Odiaria ter que fazer terapia...

— Isso não significa que você não terá que procurar um terapeuta que o acompanhe, Lucio.

— Sei, sei. Mas isto vemos mais tarde, certo? O que exatamente é o seu trabalho? Estou lembrando que contratamos sessões de *coach* para vários executivos da empresa. Edgar cansou de me pedir para participar, mas eu nunca quis saber dessas modernidades... Agora estou aqui. O mundo dá voltas, não é mesmo?

— Voltas necessárias, Lucio. Então. Deixa eu te explicar o que é o *coaching*. A definição mais comum é que se trata de um processo onde o *coach* apoia o cliente, o *coachee*, na realização de metas, através da identificação e uso das suas competências, e do reconhecimento e superação de fragilidades.

— É como nos esportes onde existe a figura do *Coach*?

— Isso mesmo. Serei sua *Coach*, sua treinadora, ajudando-o no desenvolvimento de novas competências. Entenda, porém, que não é minha missão desenvolvê-lo e sim fortificá-lo para que você possa se autodesenvolver. Provavelmente, nada entendo do ramo da empresa que você trabalha, mas entendo de processos, entendo de gente.

— É. Então você poderá me auxiliar muito, pois de gente não entendo é nada! Nem de meu próprio filho.

— Com certeza, esse trabalho vai mostrar novos caminhos, Lucio. O *coaching* é uma relação dinâmica que permite romper antigos paradigmas, estabelecer novas fronteiras.

— É disso mesmo que preciso. Por onde começamos? — sentei na ponta da cadeira, preparado para entrar em ação imediatamente.

— Teremos sessões semanais de uma hora, você será responsável por realizar mudanças necessárias em seu meio social, transpondo o que discutirmos aqui para o mundo lá fora. Combinado?

— Em quanto tempo conseguirei resultados?

— Isso depende do seu empenho para mudar, Lucio. Saber e não fazer é ainda não saber.

— Sim. Compreendo. Vou fazer minha parte. Quero começar já. Qual é o primeiro passo?

— Vou fazer então perguntas para entender sua atual situação na empresa onde trabalha, o que não está adequado, quais aspectos deseja modificar. Tudo bem?

— Tudo bem. Vamos lá.

Nos quarenta minutos seguintes, ela me fez tantas perguntas que sinceramente não me sinto em condições de repetir. Lembro de questões do tipo: como é a cultura de sua empresa hoje, como era no passado, como imagina que será no futuro?

Ufa, fui sabatinado!

Como você é hoje, como era no passado, como pretende ser...?

Até aí, tudo o.k.

Então ela me perguntou que tipo de líder eu sou. Para piorar, acrescentou: Se eu estivesse entrevistando sua equipe, o que me diriam de você hoje? Primeiro, os pontos positivos. Respondi algo como: "esse homem sabe como alavancar resultados". Depois perguntou o que viam de negativo.

Minha lista foi interminável.

Fiquei sem saber se respondia como eu me via antes do ataque cardíaco ou se repetia palavras do Jairo, da Vera, do Alexandre...

De onde busquei coragem?

Relatei o que eles falavam de mim, admiti que provavelmente tinham razão. Minha equipe nunca manifestou nada parecido. Ou melhor, nunca disse nada parecido. Manifestar até que manifestaram. A grávida, por exemplo. A tal Suzana. Aposto que não foi para elogiar minha liderança que ela entrou na sala de Alexandre naquele dia.

Pois bem. Tive que assumir na frente daquela psicóloga que eu era um péssimo condutor de gente. Não me arrisquei a usar a palavra líder, pois não se aplicava a mim. Intransigente, mal-humorado, centralizador, autoritário... Que lista! Que lista! Foram algumas das palavras que usei para me definir. De repente enxerguei um daqueles espelhos em minha frente, não gostei da imagem que vi.

Beatriz deve ter lido o desespero em meu rosto, pois fez o seguinte comentário:

– Lucio, imagino que não está sendo fácil para você lembrar o quanto atitudes suas desagradaram sua equipe. No entanto, para principiar o crescimento é necessário descobrir quem você é, conhecer sua verdade. É hora de abrir sua caixa preta, saber o que há lá dentro.

– Minha caixa de Pandora?

– Isso mesmo. Você passará por um processo de **Liderança Transformadora**. Vamos ver o que é possível fazer para construir um novo Lucio. O primeiro passo é saber de que ponto estamos começando a jornada. Revela-te a ti mesmo. Tudo se resume em cinco lições, Lucio. Quando você incorporá-las, será um verdadeiro Líder Transformador.

– Posso dizer que o meu ponto de partida não é nada nobre.

– Admitir que necessita mudar já é nobre o suficiente.

Aquelas palavras me ajudaram a perceber que as pessoas que me criticaram durante tanto tempo estavam certas.

Para completar o espetáculo de horror, recebi uma tarefa de casa. Tarefa de casa! Para um homem da minha idade! Da minha experiência... Eu seria avaliado por minha equipe! Avaliação secreta, ainda por cima! Treze colaboradores avaliando o meu desempenho como líder. Jesus me ajude! Tudo isso sem identificação, devolvendo o questionário em envelope lacrado para uma pessoa de minha confiança. O presidente da empresa e os demais diretores fariam o mesmo. "Ave Maria! Já imagino o que virá como resposta, não acredito que ficarei mais animado do que estou agora. E olha que estou péssimo! Péssimo mesmo..."

Mas vou até o fim. Como eu havia dito, quando se chega ao fundo do poço não há como descer mais.

Saí da primeira sessão de *coaching* certo de que havia tudo pela frente para aprender em matéria de liderança. O primeiro passo já dei: olhar minha imagem no espelho. Se não gostei do que vi, está na hora de provocar a mudança.

Esta foi minha primeira lição:

DESCUBRA QUEM VOCÊ É!

Capítulo 5

Consultório de Beatriz Sampaio
Terça-feira, 29 de novembro

O AMARGO BEIJO NA REALIDADE

Foi um inferno.

Mas nunca tive medo de enfrentar desafios. A jornada não foi fácil em minha vida. Família pobre, no entanto tive pais que serviram de exemplo de honestidade, determinação, força.

Meu pai ficou órfão aos 13 anos, precisou trabalhar para sustentar os irmãos mais novos. Ele e a irmã um ano mais velha. Ela foi trabalhar como empregada doméstica, ele quebrando pedras numa pedreira perto de casa. Nos intervalos daquele serviço árduo, perigoso olhava os irmãos.

Tempos depois, tendo os irmãos já encaminhados na vida casou-se com mamãe, tiveram dois filhos: eu e minha irmã. Isso foi planejado. Decidiram que ofereceriam uma vida digna para nós, sem tanta miséria. Com esforço conseguiram nos levar até a faculdade. Comecei a trabalhar cedo, não tanto por necessidade, mas porque queria ser um vencedor como o meu pai. Vencedor? Um sobrevivente, o que faz dele um vencedor!

Nunca tive medo da vida. Enfrentei tudo de peito aberto. Ainda assim, olhar a tabulação daqueles questionários, em minha segunda sessão de *coaching*, foi duro! Nomeei minha secretária para aplicar os malditos questionários, encaminhá-los para Alfa Consultoria. O prazo era um dia antes de minha próxima sessão. Tudo tabulado, tive que enfrentar os resultados. É óbvio que não encontrei elogios.

O anonimato deu coragem para as pessoas serem sinceras. Ou talvez estivessem super incomodadas, somente esperando uma oportunidade de manifestar seus desagrados. A verdade é que tive que ler cobras e lagartos naquela tabulação. Comecei a ver os resultados.

Rígido ----- Flexível
5 4 3 2 1 0 1 2 3 4 5
Deixe-me ver...

Colaboradores: (4423454454241), todas as avaliações dos meus subordinados pendendo para o rígido. Com os diretores e o presidente não foi diferente. Vejamos.

Chefia: (4), do lado esquerdo, pendendo para o rígido.

Pares: (4,2,1) também no canto esquerdo da tabela. Deus meu! Até eles. Alguém me deu 1. Não é tão ruim. Quase pulou para o lado flexível. De quem? Pouco importa. Tudo pende para o rígido? Não ha nada flexível em mim?

Inacessível ----- Acessível

(4233554334551), todos os votos no campo inacessível.

Pouco amigável ----- Amigável

(5554343443324), pendendo para o pouco amigável.

Fechado a mudanças ----- Aberto a mudanças

(4455345434454). Adivinha? Pendendo para o fechado a mudanças, é evidente.

Além dessas, fui tachado de ser incapaz de trabalhar em equipe, defensivo, desprovido de senso de humor e o campeão dos campeões, praticamente unanimidade, total inabilidade para comunicação. Nesse quesito deixaram claro que a dificuldade era tanto para falar da maneira correta, oferecer *feedback* de qualidade, fazer elogios, como para ouvir.

Naquela tarde, no consultório de Beatriz, tentei argumentar com ela. Ou pensei em fazer isso. Abri a boca para falar... nada saiu. Nem uma palavra que pudesse desmentir o que disseram. Eles tinham razão. Gostaria de descobrir quem disse o quê. Pensando melhor, para quê? Todos apontaram na mesma direção. Como essa gente pode ser tão cruel. Estou de licença médica porque quase morri, nem assim me pouparam! Tudo o que fiz pela empresa não conta? Bando de babacas... É isso o que eles são! Dei o sangue pelo Grupo Brandão. Dia e noite trabalhando... Idiotas! Viabilizei o emprego de todos eles fazendo a empresa crescer e é desta forma que estes abutres me retribuem. E os lucros de Edgar Brandão então? Mas é outro da mesma laia. Nem ele me defende! Quem essa gente pensa que é? Imbecis, ingratos, ignorantes. Eles não podem me criticar. Como se fossem santos... Bem sei que não são. Isso não é justo. Todos têm defeitos. Não consegui dizer nada disso. Apenas perguntei:

– Onde foi que errei, Beatriz?

No lugar de responder minha pergunta, ela deslocou-se para a ponta da cadeira, como que para chegar mais perto de mim.

Atingiu-me com outra pergunta que me tirou o chão:

— Lucio, quando você está fazendo o seu melhor, está fazendo o que em termos relacionais?

Não entendi onde ela queria chegar, mas respondi:

— Acho que estou mostrando para as pessoas que elas são capazes de alcançar, até de superar metas da empresa, se confiarem em seu potencial.

Ela não mexeu um músculo do rosto.

— E no seu pior, Lucio?

— Humilho pessoas. Desrespeito-as. Atropelo. Não ouço. Mando. Determino. Imponho. Não aceito argumentação — fiquei com vergonha de olhar nos olhos de Beatriz. Ela continuou com a mesma naturalidade que manifestou após a resposta anterior.

— Você tem uma pessoa que admira profissionalmente?

— Tenho sim.

— Quem é?

— Por incrível que pareça, é o meu filho.

— Que qualidades você admira nele profissionalmente?

— O respeito que tem pelas pessoas. Ele é capaz de ouvir, compreender. Isso se chama empatia, não é mesmo? Ele entende a dor do outro. É capaz até de sofrer junto. Incrível! Não carrega no colo. Não é paternalista. Não passa a mão na cabeça. Isso é o que comentam sobre ele. Oferece apoio para que a pessoa levante, siga adiante. Mas não é tolerante com quem não se compromete. Com estes ele é firme. Ele ajuda a quem se ajuda. Por isso o admiro. Tão jovem, tão sábio.

— Muito bom. Isso já nos serve, Lucio. Quais possíveis competências apareceram como pontos fracos em seu perfil, que podem ser trabalhadas?

Linguagem corporal negativa/fechada ----- *Linguagem corporal positiva/aberta*

(4423454454), todos os itens no canto esquerdo da tabela.

Defensivo na comunicação ------ *receptivo na comunicação*

(5545455445555). Esses foram quase unânimes!

— Asseguro que a mais gritante, pela conclusão que chego daquela tabulação é comunicação. Preciso aprender a dar os recados para minha equipe sem humilhá-los. Devo treinar a arte de ouvir. Isso tudo reflete respeito pelas pessoas, habilidade que imagino pela tal avaliação que não tenho.

— Entendo perfeitamente o que você disse. Agora então me conte quando você notou, num evento real ocorrido, falta desta competência?

— No episódio com Suzana, por exemplo.

— Conte-me — reclinou-se na cadeira, ficou me olhando com cara de que estava prestes a ouvir a história mais interessante do mundo.

Não omiti os detalhes sórdidos das ofensas, dos gritos, nem mesmo da porta que fiz estourar em mil pedaços com minha fúria. Esta foi a gota d'água para meu filho desistir de mim. Penso que um filho não deveria desistir de um pai, mas de repente entendi os motivos dele. Fui horroroso. Cruel. Irracional. Ai, que vergonha!

— Sabe o que é pior, Beatriz? Não sei se consigo mudar!

Senti muita vontade de chorar. Eu estava com pena de mim. Mas definitivamente seria um pouco demais chorar novamente na frente daquela mulher em nosso terceiro encontro. Falei encontro? Acho que estou enlouquecendo! Olhei para o teto para afugentar lágrimas.

Deu certo.

Não chorei.

Beatriz me perguntou:

— Entrar em contato com esta inabilidade é uma grande oportunidade de desenvolver o quê?

— A capacidade de aprender a me comunicar, me relacionar com pessoas. E assim adquirir o respeito delas. Respeito que conquistarei quando respeitar. Meu Deus, sou um monstro?

Não sei se fiz aquela pergunta para Beatriz, para mim ou mesmo para Deus. Sei que a resposta não veio. Não no formato que eu esperava. Ao invés disso, lá veio outra pergunta.

— Lucio, quando você estiver realizando esta meta no seu ideal, diga-me o seguinte: estará fazendo o quê? — o rosto dela não se abalava, olhava-me com cara de quem queria saber o que comi no café da manhã!

Hora de ser prático.

— Acredito que estarei dedicando um tempo diariamente a ouvir meus colaboradores.

— Como fará isso?

— Chamarei cada um deles à minha sala, pedirei sugestões de melhoria como líder — ajeitei-me na cadeira.
— Não, não! Nada disso: vou convidá-los para almoçar. No almoço, nos sentimos mais a vontade, soltamos a língua.
—Você vai levá-los para almoçar?
— Não, não. Mudei de ideia — a cadeira parecia cada vez mais incômoda — Eles não terão coragem para serem sinceros. Eles têm medo de mim.
— Não terão coragem de se manifestar?
— É — levantei-me, fui até o espelho, momentaneamente deparei-me com o meu próprio olhar. Levantei o dedo indicador como um menino do terceiro ano escolar querendo dizer para à professora que achou a solução de um problema — Já sei! Vou colocar caixas de sugestões na sede da empresa, nas lojas — caminhei de volta à cadeira, apoiei-me no encosto. Firmei o olhar na Beatriz buscando aprovação.
—Vou pedir dicas de melhorias como gestor. Comentários sem identificação — apertei com as mãos o encosto da cadeira. — Funcionou com a avaliação que você me pediu para aplicar. Vai novamente funcionar.
— Este é, então, seu plano de ação para esta semana?
Dei a volta na cadeira, sentei.
— É sim.
— Então está combinado. Nos encontraremos na próxima semana para avaliar os seus resultados. A Liderança Transformadora é construída um passo de cada vez.
— Só um minuto, Beatriz. Que raios de Liderança Transformadora é essa? É a segunda vez que você me fala sobre isso...

— É o modelo de liderança que valido e pratico há bastante tempo. Foi criado por James MacGregor Burns.

— No que consiste?

— Trata-se da capacidade do líder de olhar o futuro, enxergar possibilidades, inspirar pessoas, construir uma nova realidade a partir do melhor de cada um. O Líder Transformador leva seus seguidores a transcender interesses egoísticos em nome dos valores da coletividade.

— Como o líder faz isso?

— Calma, Lucio, não tenha tanta pressa. Uma lição por vez. Por hora, deixe-me resumir sua segunda lição: Identifique como você é visto pelos outros. Além da forma como você se vê, é importante saber como os outros lhe vêem, pois este é seu espelho social. Não basta apenas ser, é importante parecer ou estará acontecendo uma dicotomia entre como você se sente e o que consegue manifestar para o mundo exterior.

— Já entendi.

— Muito bem.

— Essa é minha grande chance, Beatriz. Quero ter total clareza de como sou visto pela equipe, pelos meus pares e superiores. Somente desta forma vou descobrir onde estou errando. Puxa! Parece tão fácil! Por que não fiz isso antes? Um novo horizonte se abre em minha frente. Estou tão feliz! Tudo vai mudar. Serei aceito. Terei amigos de verdade... Gente que goste de mim, que me entenda... Preciso saber o que no meu jeito de ser não agrada as pessoas... depois... Ah! Depois vou fazer um esforço enorme para mudar. Acredite!

Naquele dia saí com a segunda lição pulsando em minha mente de forma muito clara:

> **IDENTIFIQUE COMO VOCÊ É VISTO PELOS OUTROS.**

Capítulo 6

Mais tarde...
Terça-feira, 29 de novembro

DE BOAS INTENÇÕES, O INFERNO ESTÁ CHEIO!

Meia hora depois, eu caminhava apressado pelos labirintos do Shopping Pátio Paulista. A papelaria Mancini, pelo que me lembrava, ficava no andar de cima, à esquerda das escadas rolantes. Só que, as escadas rolantes não estavam funcionando. Com cuidado, segurei o corrimão e, degrau a degrau, subi a escada interminável, sem tempo a perder para passeios. Precisava comprá-las prontas ou providenciar o material para confeccionar caixas de sugestões. Ridículo! Um homem da minha idade fazendo caixinha em casa. No mínimo sei que as empresas colocam caixas de sugestões para os clientes opinarem. Até já fizemos isso no grupo Brandão.

— Boa noite. Posso ajudá-lo?

— Pode sim, mocinha — o sorriso dela sumiu quando a chamei de mocinha. Não vejo por quê! — Preciso de urnas pequenas, várias delas.

– Urnas? Semelhante àquelas que se usa em eleições? – perguntou, fazendo uma cara como se eu pedisse abóboras colhidas em Marte.

– Isso mesmo. Urnas. Caixas de sugestões. Tanto faz. Tem ou não tem?

Não é possível que naquela papelaria enorme, cheia de inutilidades, não tivesse a droga de caixinha de papelão. Uma vendedora que me pareceu atenciosa, ágil, me vem com essas idiotices.

– Olha, mocinha – concluí –, não disponho da noite toda.

Irritado. Super irritado... Concordo que preciso fazer um esforço para compreender as pessoas, mas não suporto gente burra. Não estou pedindo nada complicado. Qual é o problema com essa garota?

Respirei fundo. De repente, percebi que o velho troglodita estava vindo à tona. Eu ali, armando um circo, fazendo uma tempestade em copo d'água.

Pensando bem, não posso deixar acontecimentos tão pequenos como perguntas bobas de uma vendedora me abalarem tanto. Hoje tive uma ideia fantástica. Estou feliz. Feliz mesmo. Com vontade de rir sozinho. Por isso, não custa ter um pouco de paciência com a pobre menina...

Vamos lá de novo. Vou explicar para ela do que necessito.

A mocinha vasculhava prateleiras com os olhos, virou-se para mim e respondeu com rispidez na voz.

– Meu senhor, tenho alguns cofrinhos. Tenho também baús, pode ser?

— Olha. Como é mesmo o seu nome?

— Luana.

— Pois bem, Luana. Bonito nome o seu.

— Obrigada — e voltou a sorrir, embora aquele sorriso parecesse forçado. Totalmente diferente do primeiro, quando cheguei à loja.

— Pretendo espalhar estas caixas por toda empresa, convidar os meus colaboradores a deixarem sugestões de melhorias acerca do meu desempenho como líder. Sinto que existem aspectos em que posso crescer, entende?

— Tenho certeza que sim.

— Como? — quem teve certeza era eu, certeza de que ela estava me criticando.

— Quer dizer, todos nós temos, não é mesmo? Olha, caixa pronta não temos. Os cofrinhos são muito pequenos, infantis. Mas vou lhe sugerir confeccionar pessoalmente as caixas. Existe uma loja de calçados logo ali no final do corredor. Eles poderão ceder as caixas. Forre com papel pardo, faça um orifício no meio da tampa, e está pronta sua caixa de sugestões. Pode usar papel colorido se preferir.

Fazer o quê? Comprei cola, fita adesiva, tesoura, folhas para revestir a caixa. Optei por folhas azuis. Nem papel pardo, nem estampado. Passei na loja de calçados, consegui várias caixas. A caminho de casa, liguei o rádio. Primeiro me peguei cantarolando baixinho; quando cheguei à esquina de meu apartamento, minha voz competia com o volume dos alto-falantes. Fazia tempo que eu não me sentia tão empolgado com algo. Fiquei até tarde trabalhando, nunca tive habilidades manuais, pessoalmente estava providenciando os instrumentos que me permitiriam saber como sou visto. Em seguida fui dormir. Quer dizer, tentei dormir. Ansiedade. Curiosidade. Empolgação. Tudo junto tiravam meu sono.

* * *

No dia seguinte cedinho coloquei caixinhas de sugestões espalhadas por toda empresa, na sede, nas lojas. Era uma quarta-feira. Eu havia voltado a trabalhar dois dias antes. Espalhei as caixas, esperei pelo retorno.

Esperei... Esperei.

Quinta-feira, nada.

Sexta-feira, nada. Quem sabe as pessoas resolveram preparar suas sugestões no fim de semana, com calma, para pensar melhor, ser mais efetivo nas sugestões...

No fim de semana não consegui pensar em outro assunto. Na segunda-feira torci para o dia passar rápido, queria recolher as sugestões para ler, tabular.

Recolhi todas as caixas da empresa, da sede, das lojas. Uma a uma.

Vazias.

Todas elas.

Imaginei que estava preparado para tudo, mas não para total ausência de manifestação do grupo.

Ne-nhu-ma sugestão. Um bilhetinho... qualquer coisa.

NADA!

Na sessão seguinte de *coaching* me senti um perfeito idiota. Contei para Beatriz o que NÃO havia ocorrido. Parecia que eles não estavam muito dispostos a colaborar com o meu crescimento.

— Talvez, Lucio, não estejam convencidos de que existe um desejo genuíno de mudança...

— Como assim! Como assim? Por acaso, eles acham que instalei câmeras secretas nos corredores para averiguar quem colocou os bilhetes e poder saber quem disse o quê?

— Ou talvez eles não estejam se sentindo mobilizados para lhe ajudar. Lucio, de verdade, qual foi o movimento de aproximação que você fez?

— Caramba! Coloquei caixas de sugestões, fiz cada uma delas pessoalmente. Deu-me um trabalho danado! Mandei um comunicado a todos dizendo que eu desejava receber sugestões de melhoria em relação à empresa, em relação à atuação gerencial...

— Assim, amplo?

— Bom — firmemente cruzei os braços —, eu não podia me expor totalmente. Achei melhor pedir que eles comentassem sobre liderança de modo geral, mas eu saberia identificar quando o recado era para mim.

— Isso foi íntimo o suficiente?

— Íntimo? Como assim?

— Lucio, intimidade é uma das necessidades mais fundamentais para o ser humano. É ela que abre as portas da felicidade. Quando falo de intimidade estou me referindo ao compartilhamento completo e irrestrito do EU.

— Mas para que eu deveria criar intimidade com alguém? — de braços cruzados, fiz o mesmo com as pernas. — Nunca gostei muito dessa história de ter pessoas se metendo em minha vida.

— Acontece que só pessoas com quem estabelecemos intimidade são capazes de oferecer espelhos para nos conhecermos. Elas enxergam nossas fraquezas o que lhes dá condições de nos ajudar a crescer. Na frente delas, não precisamos usar máscaras. É possível parar de fingir ser o que não somos.

— Elas podem nos ajudar a crescer ou achar brechas para nos derrubar... — de braços e pernas cruzados, afundei na poltrona, buscando uma forma de não estar ali. — Não sei se me sentiria confortável em ter pessoas ao meu redor que conhecem meus defeitos, minhas fraquezas.

— Lucio, todos nós temos um lado escuro — ela sentou-se na beira da poltrona com as palmas das mãos abertas, viradas para cima. — Só existe o dia porque existe noite. Só existe o calor porque existe o frio. A vida é feita de polaridades. Você só conseguirá se apropriar da sua força se aceitar sua fragilidade. Quanto mais lutamos contra o nosso lado escuro, mais poderoso ele se torna. Não há nenhum problema em sentir medo ou em admitir que precisamos de ajuda.

Descruzei braços e pernas.

— Acredito que as pessoas perdem o respeito por nós quando enxergam nossas fraquezas. Foi desse jeito que me senti quando chorei na sua frente.

— Você acha mesmo que perdeu o meu respeito? — disse isso enquanto arrastava-se mais para a ponta da poltrona, com as mãos ali, abertinhas, disponíveis...

— Para dizer a verdade, não.

— E como você se sentiu?

— Muito aliviado — cheguei para ponta da poltrona também. — Fazia muito tempo, mas muito mesmo que eu não sabia o que era chorar. Lavei a alma naquele dia.

Beatriz esboçou um sorriso.

— É assim mesmo que funciona. Compartilhar sentimentos com pessoas em quem confiamos pode ser um alívio poderoso. Além disso, revelar como nos sentimos ajuda as pessoas a nos conhecerem. Elas percebem que não possuem responsabilidade de nos curar — e de novo aquelas lindas mãos —, mas que podem oferecer apoio enquanto nos fortalecemos.

— Beatriz... Beatriz... — murmurei o nome dela como se estivesse implorando por socorro — Por que alguém sentiria vontade de me socorrer? — baixei a cabeça, o peito apertado. — Nunca permiti que se aproximassem. Nem Vera. Fiquei casado durante quase quinze anos, não deixei que ela entrasse em meu mundo. Intimidade? Definitivamente, nunca vivi isso com ninguém.

O sorriso de Beatriz desapareceu.

— Caro Lucio, o mundo está cheio de pessoas morando juntas, mas sozinhas. É o que chamo de solidão compartilhada. Não imagine que só você viveu esta experiência — as mãos, agora, já não estavam mais abertas. Apoiou a mão direita no braço esquerdo.

Será que ela estaria falando de si mesma? Não tive coragem de perguntar. Ela continuou.

– Um relacionamento só é saudável quando a relação é "ganha x ganha". Se um perde para o outro ganhar não há harmonia ou crescimento, portanto, no fim das contas, todo mundo perde.

Respirei profundamente. Senti-me sufocado por todos aqueles espelhos.

– Pois é. Foi o que ocorreu no meu casamento. Essa tal de solidão compartilhada. Vera tentou me alertar, mas eu não conseguia ouvir. Eu debochava das reclamações dela ou simplesmente ignorava.

– Lucio, frases ditas com ironia ou sarcasmo ferem, não são produtivas. Sabe, este artifício é usado quando falta coragem para encarar alguma questão de forma madura, íntima. Não tenho dúvidas de que indiferença é a força mais destruidora dos relacionamentos.

– Isso descobri por experiência própria. Enquanto agredia, mesmo com ironia ou sarcasmo, eu colocava energia no casamento. Quando passei a ser indiferente, a história acabou. Perdi uma grande mulher – falei isso olhando para os meus sapatos. – Talvez se tivesse dado ouvidos a ela, eu teria melhorado como ser humano.

– Lucio, faz tempo que trabalho com gente, mais de vinte anos... Já vi muitas mazelas. Sofrimento, superação, recomeço. Aprendi lições valiosas, meu amigo. Acredito sinceramente que nosso propósito essencial é nos tornamos as melhores pessoas que podemos ser. As melhores, Lucio, as melhores. Isso só conseguiremos ajudando outras pessoas a também alcançarem o seu melhor. O Líder Transformador contribui fortemente para que pessoas se desenvolvam, capacitando-as a transcender seus limites. Você entende?

Fiz que sim com a cabeça, não pronunciei uma única palavra. Eu estava aproveitando cada frase que saia de Beatriz, que chegava na minha alma.

— Somos ilhas — de novo aquelas lindas mãos estavam abertas prontas para me acolher? Não sei, mas foi assim que me senti. Isso mexeu ainda mais comigo. — Nascemos sozinhos, morreremos sozinhos. No entanto, nossa missão é partir deste mundo tendo convicção de que ajudamos outras ilhas a serem mais bonitas.

— Nunca fiz isso por ninguém, Beatriz — comentei, enxugando lágrimas que rolaram pelo meu rosto.

— Quem sabe é hora de iniciar. Você anseia por paz, Lucio. E só conseguirá paz quando estiver em harmonia com o seu verdadeiro eu.

— Mas por onde posso começar a mudança? Como posso construir relações diferentes com as pessoas que estão a minha volta?

— Nossos relacionamentos mudam quando nossas atitudes mudam.

— Sim, imagino que é desse jeito mesmo.

— Mas não estou falando de mudança eventual, mas com constância, até se tornar um hábito.

— Entendo.

— Dedique-se a seus relacionamentos. De verdade, Lucio. Quando investimos tempo nos relacionamentos, demonstramos que aquelas pessoas são de fato importantes para nós.

— Não investi tempo de qualidade nas pessoas quando espalhei caixinhas de sugestões pela empresa, não é mesmo?

Ela sorriu.

— Vamos dizer que foi uma etapa necessária para sua aprendizagem. Agora você precisará fazer um esforço verdadeiro para conhecer pessoas e se dar a conhecer.

Ela apontou para os espelhos com um movimento de cabeça. Olhei e me vi refletido. Mas não sei direito quem vi. Respirei fundo, de novo, e tive uma ideia.

— Vou voltar para a proposta inicial de chamar as pessoas em minha sala para conversarmos.

— Você acha que elas se sentirão à vontade para falar?

— Não vou solicitar que falem. Vou me abrir com elas — cheguei para ponta da poltrona. — Vou falar sobre verdades que estou descobrindo a meu respeito — meu corpo tremia de excitação. — Vou ter humildade de admitir que sem ajuda delas não conseguirei mudar — minhas mãos suavam. — Vou chamar um a um, cada colaborador da minha equipe.

— Você vai pedir *feedback*?

— Isso mesmo.

— Então leve com você este *post-it* com dicas de como receber *feedback*. Deixei pronto, esperando o momento certo para lhe entregar...

— Então você sabia que isso faria parte do meu plano de ação?

— Não há outro caminho, Lucio. Por quem você pretende começar?

Agora era Beatriz que estava na ponta da poltrona.

– Pelos gerentes, supervisores. Eles estão mais próximos de mim. Deve ser mais fácil construir vínculos começando por aí. Vou procurar identificar pessoas com as quais eu possa desenvolver intimidade.

– Lucio, a capacidade de reconhecer que precisa de ajuda, que tem medo ou que errou é sinal de grande maturidade – e aquelas mãos novamente abertas, para mim. – Um passo importante para mudança é aceitar-se integralmente, com seus acertos e erros – e suas mãos ainda ali, acolhedoras. – Admire os seus dois lados da lua. Pacifique-se. Perdoe-se – e as mãos, prontas para me aceitar. – Faça as pazes com você mesmo. Anjos e demônios todos nós temos.

Senti o impulso de pegar aquelas mãos, apertá-las firmemente nas minhas, envolvê-las para sempre. Impedir que aquele momento acabasse. Aceitação, acolhimento, aquelas mãos nas minhas... Não fiz. Levantei e sorri.

– Ok, Beatriz. Hoje aprendi a terceira lição:

ACEITE-SE INTEGRALMENTE.

Capítulo 7

Grupo Brandão
Quarta-feira, 07 de dezembro

AGORA É PRA VALER!

Mais um dia de trabalho como todos os outros se iniciava no Grupo Brandão. No entanto, para mim seria diferente. Era o dia de inaugurar a construção de relacionamentos verdadeiros. Decidi batizar a operação de "Converse com o líder". Se desse certo, seria instituído na empresa como um novo canal de comunicação entre gerentes, diretores e equipe.

Antes de chamar a primeira pessoa com quem eu ia conversar, procurei o *post-it* que ganhei de Beatriz com as dicas de como receber *feedback*:

Ouça atentamente

Reflita sobre o conteúdo do feedback

Faça perguntas para clarificar

Evite justificativas e racionalizações

Parecia simples. Mas não deve ter sido por acaso que ela fez questão de me alertar. Não sou especialista nesse negócio de lidar com gente. Melhor prevenir do que remediar.

Achei produtivo começar a rodada de conversas por Paulo, o gerente de atendimento. Ele é um bom homem, de bom caráter. Não gosta de brigas. Sempre que aparece um cliente enfurecido nas lojas é Paulo quem resolve. É a harmonia em pessoa. Parece ter sangue da barata. O mundo desabando, ele tranquilo!

Naquela manhã, Paulo entrou em minha sala meio ressabiado. Dificilmente eu chamava alguém para conversar. No máximo para dar broncas.

– Chamou, chefe?

– Chamei, sim. Bom dia, Paulo. Entre. Sente-se.

Paulo sentou na ponta da cadeira, como se estivesse pronto para sair correndo a qualquer momento.

– Fiz algo errado, senhor Queiroz?

– Óbvio que não Paulo. Mas eu fiz. Muita coisa. Praticamente tudo.

Foi a primeira vez que admiti minha incompetência como líder na frente de um subordinado. Foi uma mistura de tensão e alívio. Como se eu estivesse me livrando de um segredo que carreguei sozinho por muito tempo.

Paulo arregalou os olhos, deu um salto na cadeira.

– Não estou entendendo.

– Deixe-me explicar. Você sabe que vi a morte de pertinho, isso me fez refletir sobre toda minha vida. De repente, me vi sozinho naquele hospital...

– Olha, gostaria de ter ido visitá-lo, mas minha esposa estava viajando, precisei cuidar das crianças a noite...

Paulo mexia-se como se o assento da cadeira tivesse

virado um grande formigueiro. Pobre, Paulo! Não sabe mentir, mas não posso culpá-lo por tentar! Cheguei um pouco mais perto apoiando-me na minha mesa que estava entre nós. Paulo, agora, parecia um boneco de cera.

– Certo, certo, Paulo. Você não me deve satisfações – era impossível Paulo ficar mais branco. Achei que a qualquer momento ele iria desmaiar. – Sei que nunca fiz nada para conquistar o afeto de vocês, percebo que errei.

– Chefe, todos na empresa admiram muito sua competência técnica. O Grupo Brandão deve ao senhor o crescimento que tivemos.

– Sei disso, Paulo. No entanto, pequei como líder. E como amigo. E como marido. E, finalmente, como pai. Preciso recomeçar. Você me entende?

Silêncio. Confusão no rosto de Paulo. Incredulidade talvez.

– Imagino que sim – finalmente se apoiou nas costas da cadeira atribuindo algum crédito ao meu pedido de socorro. – Só não sei o que posso fazer para ajudá-lo.

– Conte-me o que preciso melhorar como líder – falei aquilo e imediatamente achei que fui longe demais. Ele sairia correndo?

Não saiu.

Paulo descruzou as pernas virando-se em direção à porta.

– Quem sou eu para reclamar do senhor?

– Você é um excelente gerente – respondi –, extremamente competente, tem uma percepção extraordinária sobre o comportamento das pessoas. Sei que pode me auxiliar.

Sua fisionomia relaxou. Estava pronto para começar a colaborar. E eu? Estaria pronto para ouvi-lo?

Creio que sim.

— Bem, senhor Queiroz... — continuou ele —, percebo que as pessoas têm um certo receio do senhor. Sua presença as intimida. Elas têm medo de serem pegas cometendo erros — pernas descruzadas, novamente na ponta da cadeira, claramente querendo chegar mais perto. — O senhor não tolera erros, não é mesmo? — arrematou.

— É sim, Paulo.

— Então...

— Como posso mudar isso?

— Quem sabe fazendo elogios...

— Elogios?

Fiquei em pé, fui até a janela. Precisava de ar. Só o que eu não calculava é que esta mudança física fosse mexer tanto com Paulo. Ele se retesou, de novo ficou branco.

— Estou passando do limite? — perguntou Paulo.

— Não, não. Continue — respondi. — Está se saindo muito bem. Você falou em elogios... Continue.

Voltei a sentar, queria que ele se sentisse mais seguro para falar.

— Isso mesmo. O senhor aqui na empresa investiu muito em treinamento gerencial. Um dos ensinamentos que a gente aprendeu é que pessoas gostam de elogios.

— Treinamentos estes dos quais nunca quis participar!

— Pois bem, minha sugestão é que o senhor comece mostrando o que admira no comportamento dessas pessoas. Será um grande presente para qualquer um da minha equipe ganhar um elogio seu.

— Vou pensar sobre isso, Paulo. Mais alguma ideia?

— Não senhor — Paulo suspirou. Aí, tomou fôlego, esticou-se na cadeira, retomou: — Mas quero que saiba que admiro muito sua competência, sou eternamente grato pelas oportunidades de crescimento que tenho recebido na empresa.

— Sei disso, Paulo. Você é um excelente rapaz. Quero lhe dizer que gosto muito de seu trabalho — engoli em seco.
— Obrigado.

— Não por isso.

— E, por favor, quando lembrar de outras sugestões, não deixe de me procurar.

Paulo despediu-se e saiu da sala. Fiquei pensando um pouco em tudo aquilo antes de chamar meu próximo gerente. Tenho tantos elementos para refletir! Elogios? Nem sei como fazer isso! Nunca aprendi a ser gentil com pessoas. Sempre me cheirou a falsidade. Adulação. Manipulação, na melhor das hipóteses. Estou tendo que rever tantos conceitos. Ser um Líder Transformador dá trabalho. Nunca pensei que eu precisaria ir tão longe! E só estou começando.

De repente, me peguei olhando para a lista de emails em meu computador. Assuntos pendentes, propostas para mandar, mensagens de autoajuda... Estava na hora de fazer uma limpeza. Fiquei ali sem conseguir decidir o que fazer com tudo aquilo, somente olhando... Olhando e pensando... Quando dei por mim, já era hora de conversar com João Luiz, o gerente comercial. Provavelmente, as coisas seriam mais difíceis porque João Luiz não tem muita diplomacia na hora de dizer certas verdades, julgar ou criticar. Costuma fazer isso à queima roupa. Mas gosto de gente assim. Que venha *el toro*.

Um baque forte na porta e João Luiz aparece, como sempre, despejando tudo de uma vez.

— Seu Lucio, recebi o recado para vir até aqui. O dia está corrido. Alguma coisa urgente?

Precisei contar até dez, mas prossegui.

— Vamos dizer que para mim é super urgente. Sente-se, por favor.

João Luiz obedeceu, começou a bater os dedos na minha mesa como se estivesse impaciente, com pressa, exigindo que eu fosse breve.

— Pois bem, João Luiz. Não vou tomar muito o seu tempo. Como já comentei com o Paulo, recentemente estive à beira da morte. Isso me fez repensar vários aspectos de minha vida, procurar ajuda profissional. Estou fazendo sessões de *coaching*.

— E?

Aquele "E" foi como um "e eu com isso? Vamos. Diga logo o que quer de mim, pois tenho trabalho me esperando, serei cobrado por VOCÊ pelas metas que não alcancei!"

— E eu percebi que não tenho sido um bom líder, preciso mudar — respondi.

— E???

— E conto com sua ajuda para me dizer onde estou errando e o que devo fazer para melhorar.

Aumentei um pouco o tom de voz, embora não tivesse intenção de ser agressivo, mas sangue de barata, definitivamente, nunca tive. A que ponto se tem que chegar para melhorar como líder? "Esse homem é meu subordinado", pensei, "e me deve respeito".

João Luiz me olhou com descaso.

— O senhor quer mesmo saber?

— É claro que sim, João Luiz. Ou eu não estaria tomando o seu precioso tempo — sei que o "precioso" saiu bastante áspero. Baixei os olhos para o computador. Encarar o João Luiz, naquele momento, era nada prazeroso.

— Pois bem, senhor Lucio, vou lhe dizer. Vai ajudar muito se o senhor gritar menos com os meus vendedores e começar a tratá-los com respeito. Sei que nem sempre eles batem metas, mas a maioria deles é esforçado.

Dei-me conta de que para mim estava muito pesado ter de ouvir tudo aquilo. Olhando o computador, vasculhava mensagens de autoajuda enquanto ele falava. Levantei os olhos imediatamente e o encarei.

— Os que não correspondem — continuou João Luiz —, demito. Se mantenho na equipe é porque são bons. Mas eles se sentem tão pressionados pelo senhor que às vezes não aguentam e vão embora da empresa. Vou lhe dizer... O que espero é que o senhor me deixe fazer o meu trabalho, que pare de me atropelar — João Luiz ajeitou-se na cadeira. Nenhum sinal de medo ou receio. Apenas ajeitou-se. — Talvez eu esteja passando dos limites ao dizer tudo isso...

— E?

— E... foi o senhor quem perguntou.

Meu Deus! Quanta mágoa este homem deve estar guardando de mim há um longo tempo e nunca percebi. Não posso negar que ele é corajoso. E como! João Luiz estava vermelho. Enquanto falava, a veia de seu pescoço parecia que ia explodir. Senti meu sangue subir também. Palavras de defesa vieram em minha boca, mas engoli. Eu tinha tudo na ponta da língua para justificar porque ajo desta forma. Lembrei de várias incompetências dos vendedores, engoli novamente.

Respirei fundo.

— Você tem razão, João Luiz.

— Tenho? — juro que ele quase caiu da cadeira. Tive um momento de prazer vendo esta reação.

— Tem sim. Se eu o nomeei meu gerente, preciso confiar em você, dar-lhe mais autonomia. Vou procurar rever esta atitude. Por favor, me avise quando eu estiver atropelando você.

— Posso mesmo? — a cara dele era de total espanto.

— É um grande favor que você fará por mim.

— Então está combinado — levantou os ombros. — Só não falei antes porque o senhor nunca deixou, essa que é a verdade. Não foi por falta de tentativa. Posso ir?

— Pode sim, João Luiz. Tenha um bom dia.

— O senhor também.

Sujeitinho petulante! Mas... ele tem certa razão.

Quanto eu não era capaz de avaliar. Mas, por ora, não tinha mais condições de pensar na arrogância do João Luiz. Pois bem, a próxima era Denise. Minha gerente de Call Center, atenciosa, apegada à família, é o tipo que possui um senso maternal muito forte. Gosta de se sentir útil, necessária. Com isso, assume mais responsabilidades do que realmente pode suportar. Não costuma voltar atrás em suas decisões. Super ocupada, raramente se permite horas livres para o lazer. É um boi para trabalhar.

Pelos comentários que ouvi nos corredores, Denise teria pedido demissão tempos atrás se não precisasse tanto do emprego. Acontece que ela é gerente da Suzana, a tal vendedora grávida que agredi verbalmente provocando a ira de meu filho. Bem me lembro, quando cheguei do hospital, não se sussurrava outro assunto. Denise ficou chocada com tudo aquilo. Sofreu tanto ou mais do que Suzana. Nunca tocou no assunto comigo. Quem sabe hoje ela se abre.

Denise chegou à sala com os olhos mais arregalados do que Paulo.

– Olá, doutor Lucio Queiroz. Deseja falar comigo?

– Sim, Denise. Por favor, entre. Sente-se. Preciso de sua ajuda.

Contei novamente a mesma história de meu infarto, do quanto a gota d'água de tudo aquilo foi a discussão com Suzana, sua subordinada, de como tudo está mudando de lá para cá. Finalmente, de peito aberto, pedi também ajuda dela.

– Denise, quero me abrir com você, sei que posso ser um ser humano, um líder melhor. Mas sozinho também sei que não vou conseguir. Preciso de seus sábios conselhos. Admiro sua liderança, quero aprender com o seu exemplo.

Para mim, dizer aquilo foi um momento difícil. Refugiei-me outra vez no computador. Aquela mensagem na tela me perseguia... Salvei-a na área de trabalho.

— Olha, seu Lucio, posso falar?

— Claro, Denise — disse e prometi a mim mesmo mentalmente que não ficaria desviando os olhos para outros pontos da sala enquanto ela falava.

— Então seu Lucio, na época daquela discussão horrorosa com Suzana, realmente fiquei muito abalada. Não foi porque ela está grávida. Não quero que o senhor pense que considero gravidez uma doença ou fragilidade, de jeito nenhum. A questão é que tudo aquilo foi desproporcional à falha de Suzana. Sinceramente acredito que falhas se corrigem com alertas, com ensinamentos, não com agressões verbais.

— Você tem razão, Denise. Me sinto envergonhado por isso.

— Olha, cá comigo, não tenho o direito de lhe dizer estas coisas, seu Lucio. O senhor ajudou a fundar esta empresa, fez dela um sucesso, sei disso. Sou apenas uma colaboradora... Amo muito esta empresa. Gosto mesmo de trabalhar aqui. Para dizer a verdade, naquele dia, não vou negar, pensei seriamente em pedir minhas contas...

— Você tem todo o direito de dizer o que pensa sobre mim, sim, Denise. Confio em você. Por favor, ajude-me a mudar. Por onde devo iniciar?

— Quem sabe pedindo desculpas para Suzana?

— Pedindo... des...culpas?

Minha vista de súbito escureceu no que pensei ser o prelúdio de um desmaio.

— Olha, o senhor quem sabe — ela chegou para ponta da cadeira, como que decidida a levantar. — Posso voltar para o meu setor?

A vertigem não me permitiu prolongar a conversa.

– Sim, Denise. Obrigado. Vou pensar com carinho em tudo o que você me disse... Mais uma coisa, por estranho que possa parecer para você, faço questão de registrar: te admiro muito.

– Obrigada, senhor Lucio, perdoe-me se faltei com o respeito.

– Fique tranquila. Até breve. Tenha um bom dia.

Quando ela saiu, respirei fundo. Respirar era algo que até pouco tempo atrás eu fazia sem nenhum esforço, sem ao menos perceber. Ultimamente tem faltado fôlego, muitas vezes. Meu Deus, hoje é só quarta-feira.

Iria ser duro sobreviver àquela overdose de *feedbacks*, mas estava determinado a ouvir as pessoas até minha próxima sessão de *coaching*. Quanto mais pessoas eu ouvisse, mais elementos teria para mudar e assim o fiz.

Enchi-me de coragem para enfrentar a missão mais difícil do dia: conversar com Suzana. Não me esqueci mais do seu nome desde nossa discussão no Call Center, e por incrível que isso possa parecer, o que me faz lembrar o nome dela não são as recordações amargas daquele dia e sim uma musiquinha que ficou ancorada em minha mente:

Ho Suzana, não chores por mim.

Quando vim do Alabama, ai, ai, vim tocando bandolim.

"Se ela sonha com essa bobagem, terá outro motivo para me odiar. Vai considerar mais um sinal de falta de respeito, na certa", pensei.

Mandei recado pela Denise, em poucos minutos Suzana e sua enorme barriga estavam em minha sala. A melhor imagem que encontro para descrever sua postura ao entrar era "bicho raivoso". Entrou bufando, apertando os dentes numa careta que poderia ser confundida com um espasmo. Não olhou nos meus olhos, ao me dirigir a palavra, a voz saiu dura, firme.

– Mandou me chamar? Se pretende me ofender novamente, já me informei dos meus direitos...

– Não é nada disso, Suzana – cortei-a com gentileza, porém de maneira firme. – Chamei você aqui para lhe pedir perdão – senti todo o sangue subir para o meu rosto, desejei que um buraco se abrisse embaixo dos meus pés para que eu pudesse sumir.

– Perdão, perdão... Então o senhor acha que tudo é tão simples assim? Faz o que bem entende, agride, pisa nas pessoas, depois conserta tudo pedindo perdão? Isso é ridículo! É um verdadeiro absurdo! Meu Deus, meu Deus, se eu não precisasse tanto deste emprego...

– Calma, Suzana, minha intenção não é aumentar o problema e sim resolvê-lo.

– Resolvê-lo? O senhor faz ideia do quanto me fez chorar naquele dia e nos seguintes? Sabe que fui levada para maternidade às pressas, quase entrei em trabalho de parto prematuramente? Eu estava grávida de seis meses naquela época. Se o bebê tivesse nascido, provavelmente, não sobreviveria!

– Lamento muito...

– Lamenta? Eu e o bebê fomos submetidos a vários exames, os médicos descobriram uma anomalia séria no coração dele. Não conseguem operar durante a gravidez. A cirurgia terá que ser feita logo que ele nascer. É caríssima.

— Você tem o plano de saúde da empresa.

— Acontece, doutor Queiroz, que o plano de saúde não cobre este tipo de cirurgia.

Eu quis encorajá-la a continuar, mas sabia que qualquer palavra poderia fazê-la sair da sala e não mais voltar. Permaneci em silêncio.

— Desejei profundamente pedir demissão para nunca mais precisar olhar para sua cara, mas eu não podia ficar sem o emprego justo agora. Depois tive medo de ser demitida. Procurei o sindicato e me informei sobre os meus direitos. Sei que por hora estou protegida.

— Está sim, e com o seu bebê...

— Meu bebê? problema meu!

— Mas tem essa cirurgia.

— Nem sei por que lhe contei isto. É problema meu.

— Suzana, eu...

— Com licença, não acabei. Foi então que decidi continuar aqui, pelo meu filho, por mim. Desde então, todo dia antes de sair de casa peço a Deus que me impeça de lhe encontrar, que me poupe desse desprazer, mas parece que hoje minhas orações não foram atendidas.

— Suzana, o que posso fazer para atenuar o que fiz, para diminuir o seu rancor? – ia buscar socorro na tela do computador, de novo. Aquela mensagem...já li certa vez... preciso reler. Mas não neste momento.

— Nada, senhor Queiroz. O que está feito, está feito. Só peço que me deixe trabalhar em paz. Se depois que eu voltar da licença maternidade, acabar meu prazo de estabilidade no emprego, e o senhor quiser me demitir, é um direito que lhe cabe. Fique tranquilo porque também vou me esforçar para conseguir outro emprego, onde não existam pessoas como o senhor.

— Suzana, estou tentando mudar...

— Não me faça rir.

Sua fisionomia era de deboche. Quanta raiva eu provoquei!

— Ok, Suzana. Espero que um dia você esteja pronta para me perdoar. Olha, prometo que nada parecido irá se repetir. Promessa mesmo. Nem com você, nem com mais ninguém. Vou ver de que forma o Grupo Brandão pode apoiá-la com o seu bebê.

— Dispenso. Vocês do Grupo Brandão já me proporcionam plano de saúde.

— Suzana...

— Sei me virar sozinha.

— Não tenho dúvidas, o quero dizer é...

— Se isso é tudo.

— É sim, Suzana.

—Vou voltar para o Call Center.

— Obrigado por ser tão honesta comigo.

Suzana saiu da sala pisando firme. Bateu a porta. Não quebrou porque não era de vidro. Não tive raiva. Só me senti completamente esgotado. Fracassado talvez.

Meus olhos procuraram a mensagem... Ali estava ela, tão adequada para o inferno pessoal que eu vivia...

Em outras épocas, eu teria considerado este comportamento de Suzana como insubordinação. Daria uma lição naquela garota. Em outras épocas. Agora não. Eu estava arrasado.

O bebê com problemas cardíacos! Exatamente o que quase me matou. Que cenário duro aquele de Suzana. Ao que me conste, mãe solteira. O namorado pulou fora quando soube que ela estava grávida. Não tem família em São Paulo. Terá que se virar sozinha. Suzana é um ser solitário. Assim como eu.

Nunca imaginei que eu pudesse ser capaz de prejudicar tão profundamente alguém. Parece que, enfim, Alexandre, Vera, Jairo Martins, todos tinham razão. Sou mesmo um monstro. Tenho sérias dúvidas se realmente serei capaz de mudar, mas preciso muito conseguir.

Uma segunda chance. É disso que eu preciso!

Ajeitei minha cadeira em frente ao computador, chegando mais perto da tela para ver a mensagem. É ela mesma. Aquela que li há tempos atrás. Retornou. Alguém adivinhou que eu precisaria dela.

Deixe-me ver. Li somente com os olhos, mas vez por outra os lábios acompanhavam:

Era uma vez, um garoto que tinha temperamento explosivo. Um dia recebeu um saco cheio de pregos e uma placa de madeira. O pai disse-lhe que martelasse um prego na tábua toda vez que perdesse a paciência com alguém.

No primeiro dia, o menino colocou 37 pregos na tábua. Já nos dias seguintes, enquanto ia aprendendo a controlar sua raiva, o número de pregos martelados por dia diminuíam gradativamente. Descobriu que dava menos trabalho controlar sua raiva do que martelar pregos.

Finalmente, chegou um dia em que o garoto não perdeu a paciência em momento algum. Falou com o pai sobre seu sucesso, que se sentia melhor não explodindo com os outros. O pai sugeriu-lhe, então, que retirasse todos os pregos da tábua e que a trouxesse para ele.

O garoto trouxe a placa de madeira, já sem pregos, entregou a seu pai, que lhe disse:

– Está de parabéns, meu filho, mas dê uma olhada nos buracos que os pregos deixaram na tábua. Ela nunca mais será como outrora. Quando diz coisas estando em momentos de raiva, suas palavras deixam marcas como essas. É o mesmo que enfiar uma faca em alguém, e depois retirá-la. Não importa quantas vezes peça desculpas, a cicatriz continuará lá. Uma agressão verbal é tão ruim quanto uma agressão física.

É. A cicatriz ficou. O desafio é não produzir outras. Meu Deus! Minha próxima sessão de *coaching* dará muito o que falar!

Capítulo 8

Consultório de Beatriz Sampaio
Terça-feira, 13 de dezembro

É ASSIM MESMO. UM PASSO DE CADA VEZ

Naquela terça-feira entrei na sala de Beatriz, caminhei com naturalidade até a poltrona, aconcheguei-me no assento. Aquele ambiente já fazia parte de minha vida. Era onde confessava todos os meus medos, também onde pretendia dividir todos os sucessos. Pena não ter nenhum para contar.

Na estante de livros, um objeto que não estava ali nas semanas anteriores me chamava atenção, o troféu que tanto conhecia: o "Melhores e Maiores" da revista Exame. Eu mesmo já o havia disputado muitas vezes para o Grupo Brandão, sem nunca conseguir conquistá-lo. "Teria a empresa de consultoria e *coach* da Beatriz sido uma das premiadas?"

Beatriz pareceu ignorar meu interesse pelo troféu. Num tom suave, entretanto, observou que eu estava com olheiras profundas, esverdeadas.

– Tem dormido pouco ou o coração voltou a incomodar?

– Tenho pensado muito, Beatriz. Isso tem me tirado o sono.

– Como foi a semana? Ouviu os *feedbacks*? Conseguiu realizar o seu plano de ação?

– Consegui, sim. Desta vez tenho material para trabalharmos.

Nos trinta minutos seguintes, relatei à Beatriz boa parte de minhas conversas, dando destaque para aquelas que me forneceram mais pistas de quais caminhos seguir em minha nova trajetória. Falei dos excelentes conselhos que recebi de Paulo, dos puxões de orelha apimentados que João Luiz me deu, da sinceridade demonstrada por Denise e finalmente contei detalhadamente o episódio turbulento que vivi com Suzana, quando realizei minha primeira tentativa de pedir perdão. Tentativa falida, diga-se de passagem.

– Lucio, vejo que você fez grandes progressos.

– Você acha?

– Você não?

– Olha Beatriz, pois é, para dizer a verdade, estou mais animadinho do que em nossa sessão passada. Dessa vez, as sugestões vieram. Mas as pessoas me olham como se não acreditassem que eu pudesse mudar. Suzana, em especial, deixou isso extremamente aparente.

– Não vejo dessa forma, Lucio. As pessoas não se dariam ao trabalho de propor sugestões de melhoria, se não acreditassem que você quer crescer como líder. Inclusive algumas se arriscaram bastante dizendo verdades que não lhe agradariam, o que poderia provocar sua velha fúria.

— Isso é verdade.

— O que mais gostei é que você, pelo que relatou, conseguiu respeitar cada pessoa que chamou para ouvir, inclusive Suzana. Respeitar é valorizar pessoas. O respeito é um dos grandes fundamentos dos relacionamentos. Respeito gera confiança.

— Só Deus sabe que em muitos momentos senti vontade de chutar o balde, colocar em ação o velho Lucio Queiroz. Aquele que não tem papas na língua.

— Não tem?

— Não tinha...

Levantei, caminhei até a estante de livros. O troféu era premiação de 2011. Ao lado, uma foto de jornal emoldurada: Beatriz recebendo o "Melhores e Maiores" das mãos de alguém que eu não reconhecia. Abaixo da foto, uma legenda em letras miúdas.

— E o que você fazia nesses momentos? — ela interrompeu.

Não deu tempo para terminar de ler as letrinhas. Distingui o que me pareceu a palavra *engenharia*.

— Quais momentos? — respondi, virando-me para Beatriz.

— Nos que você quis chutar o balde — disse ela, referindo-se ao que eu falava antes.

Retornei para a cadeira.

— Olha, naqueles momentos, para não fazer besteira, eu contava até dez, pensava no homem que quero ser, e conseguia me controlar.

— É isso mesmo, Lucio. Parabéns! Como sempre digo, a fala é um dom poderoso. Pode ser usada tanto para animar pessoas quanto para destruí-las.

Mais uma vez lembrei a parábola dos pregos na tábua.

— Mas Beatriz — disse —, você está me dizendo que nunca mais poderei discordar de alguém?

— Claro que não, Lucio. Opiniões podem divergir. O que não podemos é deixar que isso vire discussão. Há uma grande diferença entre discutir e dialogar. Na discussão há o desejo de impor nosso ponto de vista, derrotar o outro.

— Como numa disputa?

— Isso mesmo. Fala-se, não se escuta. É aquele famoso blá-blá, blá-blá, blá-blá — Beatriz diz e, pela primeira vez desde que a conheci, ri alto, quase uma gargalhada. — Já no diálogo há uma busca conjunta da verdade. Expomos nosso ponto de vista, escutamos o do outro com o genuíno desejo de descobrir uma nova possibilidade que não havia sido vislumbrada.

— É. Se duas pessoas tem o mesmo ponto de vista, uma delas é desnecessária — passei a mão na garganta em sinal de que poderia degolá-la e ri. — Gosto de gente que me provoca intelectualmente.

— Sei disso. Você precisa aprender a lidar com as pessoas que te provocam emocionalmente — Beatriz concluiu num sorriso maroto despertando em mim uma deliciosa sensação de intimidade com ela.

— Lidar com as pessoas que emocionalmente me provocam... Como farei isso?

— Um ótimo início é esse que você já está praticando: ouvir.

— Nada fácil por sinal. Durante as conversas com os meus gestores e com Suzana, por mais de uma vez, desviei minha atenção para tela do computador. Não que eu tivesse algo mais importante para fazer. Minha tentativa era mesmo de escapar dos momentos difíceis.

— Cada um descobre suas próprias válvulas de escape, Lucio. Mas, se quiser que sua opinião seja acatada, ouça a do outro com respeito. Apresente seus argumentos com serenidade.

— Compreendo.

— Procure primeiro ouvir o outro. Identifique na fala dele pontos sobre os quais você concorda. Comece sua fala por aí. É preciso primeiro acompanhar para depois conduzir.

— Sempre há algo para reforçar no outro, não é mesmo? Mesmo que seja a gravata que ele está usando — dei uma gargalhada barulhenta, espontânea.

Beatriz sorriu, um sorriso amarelo, de quem havia achado a piada sem graça. Levantou o dedo indicador, como se estivesse dando uma aula, pediu que eu prestasse atenção. Nossa tendência natural — continuou ela, não mais naquele tom suave do começo da sessão — é prontamente atacar os pontos de discórdia. Isso instala um abismo entre as duas partes. Aceite o outro, mesmo que não concorde com ele. Aquelas palavras vindas naquele tom me fizeram ter necessidade de mostrar que era um excelente aprendiz. O que me veio à mente foi completar com um "no mínimo isso vai enriquecer minha visão de mundo".

— Você não imagina o quanto, Lucio. Na verdade estou lhe falando de exercitar escuta empática.

— Escuta empática?

— Isso mesmo. Você já leu o livro *Os sete hábitos das pessoas altamente eficazes* de Stephen Covey?

— Receio que não.

— Então anote aí como lição de casa. É um excelente livro de liderança. O quinto hábito apresentado por Covey é o seguinte: procure primeiro compreender, para depois ser compreendido. É a melhor definição possível para escuta empática. Ou seja, é ser capaz de escutar com os ouvidos, mas ouvir com os olhos, com o coração. Na maioria das vezes escutamos com intenção de responder, não de realmente compreender.

— Vera, você sabe, minha ex-mulher, me dizia que eu ouvia só o que me interessava. Às vezes, nem isso. Eu incluía alguns hã, hã, sei, entendo, no meio dos discursos para parecer que estava prestando atenção. Quando ela percebia, dizia exasperada: *Você ouviu o que eu disse, Lucio?* Eu dizia: *Sim, sim! É claro, querida!* E ela falava: *então repete*. Ferrou! É evidente que eu não sabia repetir. Quantas brigas tivemos por esse motivo.

— A verdade, Lucio, é que o principal motivo dos relacionamentos acabarem é a falta de comunicação. O segredo é primeiro compreender, para ser compreendido. Este é o papel do Líder Transformador.

— Tem alguma dica que você pode me dar para exercitar escuta empática esta semana, Beatriz?

— Tem, sim. Covey nos apresenta quatro estágios de desenvolvimento. Deixe-me pegar o livro para te mostrar — caminhou até sua repleta estante de livros, pegou o exemplar.

Minha atenção, mais uma vez, voltou-se para o troféu. Engenharia?

Beatriz voltou com o livro, já procurando a citação.

— Escuta empática, escuta empática... — correu as páginas — Está bem aqui. Vejamos:

1º) repetição do conteúdo: escutar as palavras que alguém está lhe dizendo, e depois repeti-las;

2º) reestruturação do conteúdo: analisar o conteúdo do que foi dito;

3º) reflexão do sentimento: prestar atenção ao que se sente em relação ao que se está ouvindo;

4º) reestruturação do conteúdo e reflexão do sentimento: compreender os dois lados da comunicação, ou seja, o conteúdo e o sentimento.

— Não me parece muito complexo fazer isso. Apenas exige empenho, atenção.

— Eu diria que exige coragem, consideração e respeito, Lucio.

— É verdade. Vou me empenhar, você vai ver.

Para minha surpresa, enquanto eu estava tentando processar aquele monte de novas informações, Beatriz me deu mais uma tarefa de casa: assistir o filme *Crash, no limite*. Aquele que ganhou o Oscar. Segundo Beatriz, o filme todo é fantástico, mas pediu-me para observar com atenção uma determinada cena, uma em que o pai chega em casa após um dia estafante, encontra a filha deitada debaixo da cama, pronta para dormir e precisa convencê-la a sair dali. Beatriz quis também saber o que eu faria se encontrasse meu filho de 5 anos nessa situação após um dia terrivelmente estressante. Fui sincero. Respondi que nunca fui de muitas palavras. Mandaria o meu filho subir na cama e ponto final. Ele que não se atrevesse a me desobedecer. Psicologia do chinelo. Curto e grosso. Como boa *coach* ela não manifestou nenhum sinal de crítica. Verdade é que não me orgulho desta postura como pai. Acredito que esse foi um dos motivos que me afastou de Alexandre. Com ele, sempre resolvi tudo na ignorância ou na discussão, nunca no diálogo. Quando finalmente confessei isto, Beatriz me deixou mais curioso, afirmando que eu deveria assistir como, no filme, o pai resolve o problema.

Agora a surpresa era choque. Por dentro, achava que ela ia me contar, insisti para que o fizesse.

— É óbvio que não — respondeu ela. — Estragaria a magia.

— Você vai me dar um cartãozinho da locadora de que é sócia?

— Não é uma má ideia. Indico tantos filmes e livros que preciso urgentemente entrar no ramo de comercialização destes produtos. Prometo que você será o primeiro a saber.

— Se precisar da minha ajuda, posso me oferecer para ser o seu *coach*.

— Ótimo. Nos vemos na próxima semana?

— É evidente que sim. Desta vez tenho muito que fazer para cumprir meu plano de ação. Leituras, filme, principalmente ouvir, ouvir e ouvir.

Mais uma vez, sai da sala de Beatriz extremamente animado. Será que conseguiria cumprir minha missão? Se dependesse de meu desejo e força de vontade, seria um sucesso.

E o troféu? Isso eu poderia perguntar numa outra ocasião.

Capítulo 9

Rumo ao apartamento de Lucio Queiroz
Terça-feira, 13 de dezembro

UM PASSO PARA FRENTE. DOIS PASSOS PARA TRÁS. QUE VONTADE DE DESISTIR!

No caminho de casa passei numa Mega Store, dessas em que é possível ficar horas se deliciando com livros, DVD's e periódicos. Mas naquele dia o caçador estava ligado. Fui atrás do material indicado por Beatriz, nem olhei para os lados. Estava com sorte. Encontrei o livro e o filme, comprei os dois. "E agora? Primeiro o filme ou primeiro o livro?", pensei. Ganhou o filme, o livro leio mais tarde. Fui correndo para casa lamentando não poder assistir o filme enquanto lia o livro.

Confesso que filme é minha fraqueza. Desta vez, sem pipoca. Erro imperdoável. Preciso abastecer armários e geladeira. Alexandre é quem olhava tudo isso. Pelo visto, as coisas não brotam sozinhas dentro de casa.

Cento e dez minutos depois eu já devolvia o filme à capa. *Crash, no limite.* Que filme bem bolado. Não é por acaso que ganhou o Oscar. O filme retrata uma sociedade marcada pelo preconceito. Negros, brancos, muçulmanos, latinos, pobres, ricos... Vários ângulos de uma mesma realidade, o racismo presente nos EUA. Como se no Brasil fosse diferente!

A cena que Beatriz me indicou, para compreender escuta empática, é realmente uma obra de arte. Fiquei impactado com tanta sabedoria daquele pai. Pacientemente procurou compreender o comportamento da filha, porque ela havia ido se deitar debaixo da cama. Compreendeu os seus medos. Entrou no mundo dela. Até deitou ao seu lado enquanto conversavam. Acompanhou. Acompanhou. Acompanhou. Aí criou uma fantasia usando todos os mecanismos que despertam interesse nas crianças. Falou na linguagem da filha. Apresentou um recurso para fortalecê-la. Deu-lhe uma dose de coragem. A menina estava pronta para caminhar sozinha. Autoestima, confiança renovadas. O pai fez muito mais do que tirá-la de debaixo da cama. Devolveu coragem a ela. Nunca fiz nada parecido por Alexandre. Nunca permiti nem ao menos que ele manifestasse medo. Usei pérolas do tipo "homem não chora". Com isso só afastei ele de mim.

Nem com o meu filho consegui fazer contato de verdade.

Fiquei com uma frase do filme martelando em minha memória. "Em Los Angeles, ninguém te toca. Estamos sempre atrás do metal e do vidro. Acho que sentimos tanta falta desse toque. Batemos uns nos outros só para sentir alguma coisa."

Também me sinto desta forma.

Preciso de um vinho. O vinho é um bálsamo, essencial para quem se encontra no limiar do vazio, nessas noites em que se assiste a um filme, deixa-se sobre a mesa o livro que se pretendia ler para ser lido noutra hora, semana que vem talvez. Um bálsamo para quem já não se lembra de cor os telefones dos amigos.

Bem... Onde estão as taças altas?

Ou... Onde pus o meu pijama listrado?

Preciso mesmo é de uma aspirina, ou de uma aspirina e um pijama listrado.

Não tem água na jarra de vidro.

Onde guardam aspirinas?

Tempos atrás, naquela sala, a vida tinha um sabor especial. Ali mesmo, o vinho que bebia era na companhia de Vera, enquanto Alexandre espalhava os brinquedos no tapete, sem que soubéssemos de onde ele vinha com aquilo, e pedia sorvete de sobremesa. Vera respondia que após o jantar poderia comer o doce que quisesse.

As taças altas se encontram onde sempre estiveram, na cristaleira ao lado do telefone.

De repente, sei que preciso mesmo de água e de aspirina.

Ou preciso falar com alguém. Aliás, sei exatamente com quem.

Tiro o telefone do gancho, disco de cor o número da Beatriz, cai na caixa postal.

Desta vez, não deixo mensagem. Desta vez, não. Nunca deixei mensagem.

Só o que me preenche são os encontros com ela... Eu disse encontros? Já estou chamando minhas sessões de *coaching* de encontros! Mas não é para confundir? Eu, neste apartamento, olhando taças vazias... Conto os segundos esperando minha sessão de *coaching*. Quando enfim encontro Beatriz, lá está ela, com um *taier* que se propõe a ser discreto, mas incapaz de esconder as deliciosas curvas de Beatriz. É impossível não enxergar a mulher. Por outro lado, qualquer investida minha e correria o risco de perder aquele sorriso capaz de me convencer de que a vida vale a pena, de que apostar em ser humano é uma causa digna. Beatriz, a que fala através das mãos o tempo todo... Me sinto um menino... O desejo vira vontade de ser protegido... Me sinto tão pequeno. Ela tão grande, intensa, poderosa!

Fico impressionado como ela fala com propriedade. É capaz de desvendar os segredos da minha alma a partir de meia dúzia de palavras que pronuncio. Basta uma frase e ela compreende exatamente a angústia que estou sentindo, mas que não quis revelar. E quando o assunto é gerenciamento, ela dá um show! Fala de tomada de decisão, administração de conflitos, planejamento estratégico, controle de processos como ninguém. Tem os conceitos de Michael Porter, Deming, Peter Drucker na ponta da língua. Os exemplos que apresenta me dão evidências de que não se trata de teoria. Conhece a prática também. Tanta segurança, como CEO de uma grande empresa.

Aquele troféu em sua sala... Pode ser a resposta para este mistério. Preciso saber mais sobre o passado de Beatriz. É para já!

Fui consultar o mestre Google. Beatriz Sampaio, Beatriz Sampaio. Empresa de engenharia. Construção civil.

Não pode ser a mesma.

Ela é feminina demais para esse ramo de atividade.

Lucio, Lucio, flexibilize seus paradigmas!

Preciso encontrar uma foto.

É ela mesma.

Construtora e Incorporadora MS.

Nossa! Essa empresa é poderosíssima!

Deixe-me ver o que diz a matéria.

Fonte: Exame - março/2011

Embalada pelo novo ciclo brasileiro de grandes obras, empreiteira é empresa do ano do setor de construção de MELHORES E MAIORES

São Paulo - Em apenas dezesseis anos, a Construtora e Incorporadora MS saiu do anonimato para figurar na lista das maiores construtoras do país. Nesta edição de Melhores e Maiores, a companhia foi escolhida como a melhor empresa de construção. Seus números impressionam. Em 2010, seu faturamento chegou a 1,8 bilhão de dólares.

Mas a história não foi sempre assim. Fundada em 1995 pela engenheira Beatriz Sampaio, primeira mulher a iniciar uma empresa de engenharia no Brasil, mercado que até então era dominado pelos homens, desde o início a Construtora e Incorporadora MS fez uma bela trajetória. Seu primeiro salto no entanto veio em 2006, quando Beatriz Sampaio promoveu um realinhamento estratégico implantando um novo modelo gerencial na empresa. "O velho paradigma de chefiar pessoas não nos serve mais; precisamos de líderes transformadores", afirma Beatriz que é também psicóloga e Coach Executiva e pessoal.

Em 2009, a empresa presidida por Claudio Sampaio, administrador, esposo de Beatriz há vinte anos, começou sua expansão internacional, com escritórios na Bolívia, Argentina e Peru.

Isso explica o troféu. Mas não é possível!

Além de gost.., bonita, charmosa, ela é extremamente competente.

E casada.

Mas quem sabe o casamento está desgastado... Como ela disse mesmo? Solidão compartilhada. Vai ver que foi por isso que resolveu deixar a empresa por conta do marido e veio trabalhar como *coach*. Isso faz sentido. Por que outro motivo ela deixaria uma empresa que fundou, que está caminhando tão redondo? Só tem um jeito de saber. Vou perguntar para ela.

Ao invés de desligar o computador, decidi checar os emails. Nunca se sabe quando o Grupo Brandão irá precisar de socorro. Trinta, quarenta, sessenta emails. Não fazia mais que cinco horas desde que cheguei pela última vez. Descartei os assuntos de pouca relevância, deletei *spans* que conseguiram passar pelos filtros de segurança. De repente, um deles chamou-me atenção pelo título da mensagem:

"A mim, você não engana."

Resolvi entrar para descobrir do que se tratava aquele título tão intrigante.

De:	18793212@software.com
Para:	lucioqueiroz@grupobrandao.com.br
Assunto:	"A mim, você não engana".

"A mim, você não engana"... Lá vem bomba!

As mãos tremem antes mesmo de eu ler a primeira palavra.

> Pessoas como você não mudam. Conheço bem sua laia.
>
> Não adianta fazer pose de bonzinho.
>
> Você pode convencer a todos, mas não a mim.
>
> Deixe de tanta hipocrisia. A velha grosseria combina mais com sua índole.
>
> E idiota como gente da sua laia não tem nem capacidade para saber quem está por trás deste email e o estrago que posso vir a causar na sua empresa de merda.

Ponto. Final. Nenhuma assinatura. Nenhuma identificação.

Eu nunca fui *expert* em lidar com informática, não sabia como descobrir origem de endereços anônimos. Meu negócio era vender equipamentos. Mas precisava saber quem mandou aquela mensagem. Suzana? Algum de meus supervisores? Quem sabe um vendedor que soube de minha conversa com pessoas da equipe? Jairo Martins, o eterno oponente, descobriu minhas iniciativas e resolveu atrapalhar, apenas pelo prazer de me ver mal? Mas Jairo estava fora do grupo Brandão, a essas alturas já trabalhando como sócio na empresa de construção civil de seu cunhado. Por que haveria de se incomodar com minha vida? Simples. Porque aquele homem não presta. Informantes é o que não lhe falta dentro da empresa, em sua antiga equipe de produção. Talvez até ainda jogue futebol com eles!

Que tipo de estrago alguém pode causar na empresa? E por que faria isso? Quanto ao motivo, consigo pensar numa centena deles, ao longo da minha vida despertei rancor em muita gente. Agora que passo por tudo isso para mudar, será possível que as pessoas não me darão algum crédito? Talvez, a pessoa do email, seja lá quem for, tenha razão. Pau que nasce torto, morre torto.

Pois bem, minutos depois, eu já estava no quarto vestindo o meu pijama listrado, torcendo para que as duas aspirinas não me deixassem na mão. Não nesta noite. *"Eu nunca me transformarei num verdadeiro líder"*, pensei. "Não era da minha natureza ser gentil com as pessoas. Por outro lado, viver em pé de guerra com o mundo já não suporto mais, não conseguirei mais continuar sendo o troglodita de sempre".

Quem teria mandado o email? Quem mandou... Não para me vingar...

Ou, quem sabe, só um pouquinho...

Não, nada disso.

Preciso saber quem o mandou para entender o motivo de tanta raiva, ter uma chance de consertar o que eu possa ter feito.

Farei isso amanhã. Vou procurar o supervisor de informática, pedir para que rastreie o email.

Preciso dormir. Não tenho mais condição emocional para ler o livro indicado por Beatriz depois de tudo isso. O que Beatriz faria numa situação como essa? Boa pergunta para ser feita na próxima sessão de *coaching*.

* * *

No dia seguinte pela manhã, no Departamneto de Informática, após trabalhar três horas sobre a tarefa solicitada,

Marcos, ainda cabisbaixo, avidamente teclava no computador.

— Impossível rastrear a origem deste email, doutor Queiroz — diz e levanta os olhos. — Seja lá quem for, entende do que está fazendo porque foi muito bem feito. Não deixou rastro.

Apoio-me no monitor do computador do Marcos.

— Não me diga isso.

—Infelizmente, é verdade, doutor Queiroz. O remetente usou um serviço de reenvio anônimo.

— Isto significa que jamais saberei quem mandou a mensagem?

— Não com ajuda da tecnologia. Lamento. Mas, se me permite manifestar minha opinião..., doutor Queiroz...

—Vá em frente, garoto.

— Acabei lendo o conteúdo da mensagem...

— Sei...

— Não foi intencional... É que ela é curta... A gente bate os olhos na tela , já lê...

— Sei, sei, continue.

— Pois bem. Fiquei sabendo de suas ações para melhorar como líder...

— Ficou sabendo?

— É, as pessoas comentam... Sabe como é, né?

— Sei...

— Fiquei contente pelo senhor, quer dizer, sei que passou por tanto sofrimento... O filho indo trabalhar com o seu Jairo Martins, vocês não se afinavam, o seu ataque cardíaco, e está disposto a mudar. Todos têm direito a uma segunda chance...

— Você também viu o filme?

— Que filme?

— Deixa para lá. Continue, filho.

— Então... É isso. Esqueça esse email. Estou torcendo pelo senhor.

— Você é mesmo um ótimo garoto. A propósito, há quanto tempo trabalha mesmo na empresa?

— Cinco anos, doutor Queiroz. E devo muito ao senhor.

— Você não me deve nada, filho. Eu que não tenho palavras para te agradecer. Vou procurar ignorar esta mensagem. Você tem toda razão. Obrigado.

Saí da sala sob o impacto das palavras de Marcos. Todos sabiam de minhas iniciativas para melhorar como líder. Qualquer um poderia ter mandado a mensagem. Qualquer um. Entretanto, Marcos tinha razão. O que eu não podia fazer era desistir. A vida já me havia dado provas suficientes de que estava mais do que na hora de alterar a direção de meu destino. Eu não iria recuar. Continuaria chamando as pessoas para solicitar *feedback*, treinaria escuta empática. Um dia teria muito orgulho de mim mesmo. Agora estava na hora de tomar outra providência muito importante. Não aguentava mais ficar sem notícias de Alexandre. Só conseguia pensar numa maneira de saber o paradeiro do filho, que não atendia minhas ligações. Precisaria procurar Vera e seria naquela noite, antes que perdesse a coragem.

Capítulo 10

Apartamento de Vera Almeida
Quarta-feira, 14 de dezembro

O PASSADO, PRESENTE NOVAMENTE

Vera Almeida pensou duas vezes antes de aceitar o convite para tomar um café com Lucio Queiroz. Fazia tanto tempo que não encontrava seu ex-marido e, sinceramente, estava muito bem assim. A decisão de colocar um ponto final no casamento foi dela, nem por isso sua dor atenuou. A relação dos dois acabara há mais de dez anos, não havia sido fácil superar o luto de um relacionamento falido. Vera apostou todas as fichas na relação porque o amava. Mas, enfim, um dia percebeu que respeito entre eles não mais existia, cumplicidade virara pó, afinidades evaporaram: hora de se separar. O amor permaneceu, insistente. Isso Lucio jamais saberia.

Casou-se aos 20, ficou naquele casamento por quatorze longos anos. Esperaram muito pela chegada de Alexandre. No início, nem queriam filhos. Depois, dificuldade para engravidar e, quando conseguiu, enfrentou dois abortos espontâneos. Alexandre foi muito desejado e sua chegada, motivo de grande alegria para Vera e Lucio.

Lucio...

Inútil, nos primeiros anos, o esforço enorme para esquecê-lo. Terapia, outros homens, tempo em Paris fazendo cursos, cabeça ocupada com novas distrações, mas nada disso preencheu o vazio deixado por Lucio. A verdade é que jamais conseguiu amar outro homem com a mesma intensidade em toda sua vida.

Alexandre nasceu, a relação entre eles já estava bastante abalada, Lucio só tinha tempo para o Grupo Brandão. Vera queixava-se de suas excessivas ausências. Lucio parecia não ouvir. Vera sentiu que sua solidão iria diminuir com chegada do filho. Não foi o que ocorreu. Agora sofria pela ausência do marido não só por si mesma, mas pelo Alexandre que tão pouco conseguia conviver com o pai. Quando Lucio estava em casa, era como se não estivesse. Chegava angustiado com preocupações da empresa, não conseguia desabafar com Vera, por mais que ela insistisse. Era como se Lucio vivesse num mundo paralelo, vez por outra fazia algum contato.

Bem lembrava, quando Lucio estava feliz, livre de preocupações era um homem divertido, aventureiro, gostava de viajar. Só nas férias Lucio conseguia relaxar, ainda que parcialmente, das responsabilidades com o grupo Brandão.

Alexandre mal completara o primeiro aninho. Lucio então tornara-se um neurótico pela empresa, trabalhava mais e mais, como se quisesse se assegurar que nada faltaria financeiramente à família. O afeto, onde ficava? Vera preferiu pular fora do casamento, mesmo o amando loucamente, do que se conformar a continuar desprovida de afeição. O que era incapaz de imaginar é que não mais conseguiria aceitar amor oferecido por outros homens. Amor de verdade havia sido e sempre seria o do Lúcio. E ali estava ela dirigindo pela Alameda Santos para encontrar-se com ele no Starbucks. Há um mês soube pelo filho que Lucio foi internado no Cardio Help, vítima de um infarto do miocárdio.

Naquela quinta-feira, Vera mal acordava e o filho já invadia o apartamento sem ao menos beijá-la.

— Resolveu passar aqui para tomar o café da manhã comigo?

Alexandre parecia nervoso ao extremo.

— Mãe...

— Vamos até a cozinha, filho?

— Não, mãe. O assunto que tenho para falar com você é sério – Alexandre jogou-se no sofá, parecia exausto também. — Recebi uma ligação do Cardio Help esta madrugada.

— Cardio Help? — Vera levou a mão ao peito como também passando mal.

— Calma, mãe. Se tem algo que não preciso é ter que socorrer vocês dois.

— Então foi o seu pai?

Alexandre mal conseguiu dizer sim com a cabeça, ela já o metralhava com todas as perguntas que uma mulher apaixonada faria quando sabe do risco iminente de perder a pessoa que ama.

— É mãe – continuou ele –, o que aconteceu foi o seguinte, eu e o pai discutimos feio ontem de tarde. À noite peguei minhas roupas e saí de casa. E parece que ele passou mal pouco depois disso. Coração...Foi socorrido pelo porteiro. No hospital, me disseram que o pai gritou pelo interfone...

— Deus...

— Fui chamado pelo hospital. Meu cartão de visita está sempre na carteira do pai. Hospedei-me num hotelzinho próximo daqui. Fui voando. Mas lá, não deixei que ele soubesse da minha presença. Está sob observação, o pior já passou, parece.

— Coitado do seu pai.

— Não consegui pregar o olho esta noite. Fiquei no hospital até a pouco.

— Por que você não me chamou?

— Para quê? Para te preocupar?

— Sou sua mãe...

— Resolvi aguardar o quadro estabilizar para te contar algo mais concreto.

— Mas por que você não quis que ele soubesse de sua visita?

— Sinceramente, não entendo como você conseguiu ficar casada com ele durante quatorze anos. Minha paciência com o pai chegou ao fim. Ele não tem limites.

— Seu pai é um homem bom, Alexandre. É íntegro, honesto, responsável. Foi fiel durante o tempo em que ficamos juntos, fui muito feliz ao lado dele. Recentemente cheguei a triste conclusão de que o perdi mesmo foi para o Grupo Brandão. Vou te dizer uma coisa, o Lucio tem estopim curto, fala sem pensar e, com isso, magoa as pessoas.

– Destrói as pessoas, você quer dizer? No meu caso, pedi demissão da empresa.

– Você...?

– Olha, mãe, não tolero mais a ideia de trabalhar ou viver debaixo do mesmo teto que o pai. Fique tranquila. Recebi um convite para trabalhar com o Jairo Martins...

– O Jairo? Não é aquele diretor que seu pai odeia?

– Odeia porque Jairo Martins consegue, entre outros atributos, ser um líder fantástico, pelo menos, respeita as pessoas, postura que meu pai nunca teve.

– Alexandre, não seja tão rigoroso com seu pai. Ele te ama muito, meu filho.

– Disso nunca duvidei. Tem verdadeira adoração por mim. Ou pelo projeto que ele quer que eu me transforme: Presidente do Grupo Brandão.

– Ora, Alexandre.

– Ora nada, mãe. Acabei com os planos dele. Se o amor for mesmo por mim, irá sobreviver à frustração de não me ver presidente do seu império.

Lágrimas. Muitas lágrimas rolaram pelo rosto de Alexandre.

– Vem cá, Alexandre, deita.

Vera fez sinal para que ele se aconchegasse em seu colo e, para surpresa dela, sem vacilar, ele aceitou.

Chorou muito, por muito tempo. Depois adormeceu.

Ela saiu de mansinho, colocando por baixo da cabeça do filho uma almofada onde antes estavam suas pernas e foi para cozinha passar um café. Deixou-o no sofá recuperando-se da longa noite. Vera precisava de um pouco de cafeína para reorganizar as ideias, desejava mesmo era pegar o carro, se jogar para o hospital, ficar pertinho de Lucio. Mas isso jamais se permitiria fazer, afinal, foi Lucio quem conduziu a relação dos dois para o fim. Alexandre tinha razão. O pai precisava de uma lição para respeitar as pessoas. Que provasse o amargo gosto da solidão no hospital.

* * *

Nos dias seguintes, monitorou o quadro do ex-marido por telefone. Ligava diariamente para o hospital, três vezes ao dia, só ficou em paz quando Alexandre disse que o pai havia recebido alta, estava em casa, fora de perigo. Depois disso, ficou quase sem notícias. Se ligasse para o Grupo Brandão isto chegaria aos ouvidos de Lucio. Decidiu conviver com as poucas informações que o filho lhe trazia semanalmente. Desta forma foi até o dia anterior, quando recebera o surpreendente telefonema de Lucio marcando um encontro no Starbucks café da Alameda Santos.

Ele queria o encontro para o mesmo dia. Tudo da forma como "ele" determinava. Vera aceitou, mas marcou para o dia seguinte. Resolveu dar as cartas ao menos dessa vez.

Capítulo 11

Starbucks Café
Quinta-feira, 15 de dezembro

TEM CORAÇÃO, ESTE CAMINHO?

No dia daquele encontro, meia hora antes do combinado, eu já tomava minha segunda xícara de café no local marcado. Como perfeito cavalheiro, fazia questão da antecedência para não deixar uma dama esperar.

Quando Vera chegou só consegui enxergar suas curvas e pernas torneadas naquele vestido preto colado ao corpo. Aos 45 anos, ela continuava linda como uma menina de vinte. Tremi nas bases. Aquele encontro era para obter notícias de Alexandre, mas, pela manhã, fiquei muito tempo olhando para o espelho do meu guarda-roupa antes de decidir qual traje vestir, o que não era comum. "Ok, não sou nenhum Harrison Ford, mas até que dou para o gasto." No entanto, naquele café, frente a frente com a ex-mulher, desejei estar menos barrigudo, cabelos mais aparados, não tão suado após um dia todo de serviço.

– Lucio...

Afastei os pensamentos, levantei-me para receber Vera. Tive ímpetos de abraçá-la, mas não considerei prudente, em vez disto, estendi-lhe a mão. Preferi agir com cautela, evitar qualquer tipo de animosidade.

— Olá, Vera, faz tanto tempo que não nos vemos... Esta mesa está boa para você? — apontei para a cadeira vazia à sua frente.

— Está ótimo, Lucio — sentou-se, colocando a bolsa no colo. — Como você está? Eu soube que esteve hospitalizado. Fiquei preocupada.

— Ficou? — perguntei, olhando profundamente para os olhos de Vera.

Vera enrubesceu e baixou a cabeça.

— Ora, você é pai de meu filho, vivemos mais de dez anos juntos...

— Quatorze anos.

— Sei, lembro-me bem.

— Olha, Vera, não te chamei aqui para provocar em você recordações desagradáveis, mas é que estou sem notícias de Alexandre há um mês, não posso continuar assim.

— Ele está ótimo. Ficou uns dias lá em casa, mas agora alugou um apartamentinho perto da empresa onde foi trabalhar.

— Vivendo de aluguel, que absurdo! O ingrato, nem para me dar notícias! Podia estar morto, ele nem me visitou. Aposto que só tem energia para pensar na empresa daquele Jairo Martins. Quem lhe contou que fui hospitalizado?

— Ele mesmo. Não é verdade que ele não se preocupa com você...

— Não? Você sabe que neste tempo todo ele sequer telefonou para saber se eu havia sobrevivido?

— Pois saiba que ele está muito bem informado. Só está se mantendo distante para ver se você aprende a lição.

— Que lição? Que dedicar minha vida a construir um patrimônio, uma colocação como presidente do Grupo Brandão para ele foi pura perda de tempo?

— Você já pensou que talvez ele queira trilhar seus próprios caminhos, Lucio?

— Ingratidão. É disso de que estamos falando. Você deixou aquele garoto com muitas vontades, Vera. Igualzinho à você.

— Ah, é claro, querido Lucio. Então você queria que ele vivesse "sua" vida, da mesma maneira como tentou fazer comigo, não é mesmo? — ela segurou a bolsa com mais firmeza, parecia que iria levantar.

Lembrei-me de Beatriz, percebi que Vera e eu estávamos discutindo, não dialogando. Resolvi mudar o rumo da conversa.

— Desculpe-me, Vera. Minha intenção não é julgá-la, muito menos ofendê-la. Você tem toda razão, além do mais, fez um excelente trabalho na criação de Alexandre. O que disse são resquícios do velho troglodita que sempre fui. Nosso filho é um bom rapaz e, provavelmente, o que tentou fazer foi sinalizar que estou conduzindo a vida de maneira errada. Provavelmente...

— Sei... — Vera outra vez soltou a bolsa no colo.

— Só não acredito que a melhor forma de ele me ajudar é fingindo que não existo. Sei que errei muito, Vera. Tenho buscado ajuda e devagar, feito progressos...

— Ajuda?

— É, de uma psicóloga. Não é terapia — acrescentei rapidamente, não iria deixar margem para que Vera pensasse isso. — Ela é minha *coach* executiva e pessoal. Tenho aprendido a ser um líder melhor, um ser humano melhor, mas preciso de uma oportunidade, Vera.

Virando-se para trás, Vera pendurou a bolsa que estava em seu colo no encosto da cadeira.

— Vou conversar com Alexandre — disse ela. — É evidente que ele te ama. Acredito que vocês podem voltar a se entender.

— Quem sabe, ele deixa de besteira, abandona aquele asqueroso do Jairo Martins e volta a trabalhar comigo.

— Sua mudança precisa passar por respeitar as escolhas de seu filho.

— Ok, ok. Você tem razão. Mas por favor, faça com que ele aceite conversar comigo. Essa indiferença me corrói.

— Não é indiferença, Lucio. Fique sabendo que esse tempo todo Alexandre vem buscando informações de seu quadro de saúde.

— E nem foi me visitar no hospital?

— Foi sim. Só não quis que você soubesse. Continua buscando saber notícias com sua gerente.

— Denise?

— Isso mesmo. Mas ele não vai gostar de saber que te contei. Não quero trair a confiança de Alexandre, mas não posso deixar você achar que ele não se importa com você.

— Nossa... Até fico mais aliviado. Pensei que havia perdido o meu filho. Incalculável a importância do Alexandre para mim...

– Mais do que o Grupo Brandão?

– Perdi muitas coisas sagradas por excesso de dedicação ao serviço. A empresa nunca me cobrou isso, muito pelo contrário. Edgar Brandão sempre me dizia que eu exagerava. Na realidade, tenho coragem de dizer isto, meu excesso de empenho até prejudicou aquela empresa. Hoje vejo que perdemos bons colaboradores porque não aguentaram conviver com a pressão que eu fazia.

– Lucio, estou surpresa e, acredite, feliz. Parece que você enfim está conseguindo refletir sobre os seus atos.

Desta vez, deixei o meu olhar demorar-se no de Vera.

– Pena que tenha sido tarde demais, não é mesmo?

– Nunca é tarde, Lucio. Nunca é tarde – mais uma vez ruborizou. – Preciso ir – disse. – Vou pedir para o Alexandre te ligar.

Senti vontade de perguntar se ainda seria possível uma segunda chance entre nós, mas achei que não estava preparado para um sonoro "não" como resposta. Então, após segurar as mãos dela entre as minhas, levei a direita até meus lábios, dei um suave beijo, deixei-a partir. Com o olhar, acompanhei-a até que saísse da cafeteria, aquelas curvas vinte e quatro anos depois me tiravam o fôlego.

O toque das mãos de Vera nos meus lábios... Aquele toque, tão familiar, tão semelhante...

Ao de Beatriz.

Mas nem Beatriz, nem qualquer outra mulher poderia preencher o vazio que Vera havia deixado. O novo Lucio no qual eu estava me transformando teria uma chance?

Precisava de uma sessão de *coaching* extra. Não pretendia passar o fim de semana com aquele turbilhão de emoções me atormentando.

Capítulo 12

Consultório de Beatriz Sampaio
Sexta-feira, 16 de dezembro

HORA DE APRENDER UMA NOVA LIÇÃO

Na sexta-feira, um pouco antes do almoço, consegui ser atendido. Deixei Edgar na empresa me esperando para iniciar uma reunião de Planejamento Estratégico para 2012. Ainda que fôssemos grandes amigos, nunca é muito prudente deixar o seu chefe aguardando. Mas a sessão com Beatriz não deveria demorar. De qualquer forma, eu não teria mesmo condições para pensar no Planejamento Estratégico do Grupo Brandão sem organizar minha própria vida.

— Então, Lucio, que assunto tão urgente trouxe você até aqui hoje?

— Veja isto — mostrei o email misterioso, ofensivo que recebera há três dias.

Beatriz leu o email. Olhou-me com uma interrogação no rosto.

— Sei tanto quanto você quem foi o responsável por isso, não por falta de investigação, mas quem o fez tratou de não deixar rastros.

— Mais importante do que saber quem mandou é saber o que isto provocou em você.

— É notório que fiquei bastante abalado, Beatriz. Estou fazendo uma força enorme para acertar. É duro constatar que pessoas não acreditam que eu possa mudar.

— O importante é o que você acredita, Lucio. Por favor, vamos dar a devida dimensão a isso. Não foram "pessoas" e sim "a pessoa". Somos nós que permitimos que pessoas e situações perturbem nosso equilíbrio, roubem nossa energia. Não podemos escolher a maneira como os outros falam, agem, mas podemos escolher como iremos reagir ao que eles fazem. É importante saber que tipos de pessoas lhe dão energia e que tipos de pessoas a roubam de você.

— É verdade.

— Esta colocação está no livro do Matthew Kelly, *Os sete níveis de intimidade*. Você já leu?

— Vou tomar nota do título deste livro. Mas quer saber, Beatriz, por este email já não estou mais sofrendo. O que me trouxe aqui foi a conversa que tive com Vera...

— Sua ex-mulher?

— Isso mesmo. Conversamos longamente sobre Alexandre. Não foi uma conversa fácil.

— Entendo.

— Quer dizer, até que terminou tudo bem quando percebi que estava conduzindo tudo de maneira errada, corrigi os rumos do nosso *diálogo*, que começou como discussão.

— Que ótima notícia, Lucio. Parece que você realmente está conseguindo aplicar o que tem aprendido. Dialogar é muito melhor do que discutir.

— Na realidade, Beatriz, no início da conversa eu estava todo na defensiva. Já comecei reclamando, acusando-a pelas atitudes de meu filho, como se eu tivesse o direito de julgá-la!

— Realmente. Julgar pessoas não é nada saudável. O julgamento é uma sentença de morte para os relacionamentos. Entre correção e crítica existe uma diferença.

No lugar de ouvir meu desabafo, Beatriz aproveitou para me dar mais uma aulinha. É assim mesmo que ela funciona! E Edgar me esperando na empresa! Fazer o que, não é mesmo? Como eu estava ali para aprender, tratei de manifestar interesse.

— É mesmo? E qual é? — eu quis saber.

Beatriz se acomodou na ponta da cadeira.

— Correção é uma tentativa de auxiliar o outro a melhorar. Muitas vezes, ela é necessária. Hoje até separei um material para conversarmos sobre o *feedback* corretivo. Agora a crítica, Lucio, essa posso te garantir que somente destrói. Fale quando suas palavras puderem favorecer alguém a se tornar uma pessoa melhor.

— Todos nós reclamamos demais, inclusive de fatos insignificantes, mostrando uma ingratidão monumental pelos momentos mágicos da vida. Vera proporcionou-me muitos momentos especiais ao longo dos quatorze anos em que vivemos juntos.

— Disse isso a ela?

— Não com a ênfase que ela merecia, mas disse sim. O mais importante é que tive notícias de meu filho. Vera assumiu o compromisso de tentar convencê-lo a conversar comigo.

Contei então a Beatriz tudo o que soube sobre Alexandre, como ele estava vivendo e que de fato não havia me abandonado. Só estava se mostrando ausente para me castigar. Mas se a intervenção de Vera funcionasse, em breve conversaríamos. Com a vida pessoal voltando aos trilhos, poderia retomar a coordenação de minha equipe de trabalho no Grupo Brandão. Estavam tendo dificuldades para alcançar as metas traçadas, eu pretendia fazer algo para mudar este panorama só que desta vez da maneira certa, embora não soubesse como agir.

– Parece então que é sua vez de dar *feedbacks*, Lucio. A qualidade dos relacionamentos depende dos *feedbacks* oferecidos. Não há outra forma de conduzir uma equipe. Você precisará conversar com cada um deles, lembrando que alguns darão mais trabalho do que outros porque demandam mais *feedback*.

– Não sei dar *feedback*, Beatriz. Como farei isso?

– Então, separei um material para você. Acredito que minha amiga Fela Moscovici, em seu livro *Desenvolvimento Interpessoal* possa te ajudar.

Beatriz apanhou o livro na estante, mostrou-me um trecho onde falava sobre como dar *feedback*. Começou a ler em voz alta, cada um dos itens:

- ♦ Seja descritivo ao invés de avaliativo – sem julgamento, faça o relato de um evento.
- ♦ Específico ao invés de geral – cite exemplos do comportamento indesejável, sem atacar o caráter do sujeito

— Caramba Beatriz, o que mais fiz minha vida toda foi julgar. Julgar, acusar. Nunca me preocupei em citar exemplos, ser específico em meus *feedbacks*. Na realidade, acho que eram *fode*backs!

— Ok... Imagino, Lucio. Agora é hora de começar a fazer corretamente. Posso continuar a ler?

♦ Compatível com as necessidades do comunicador e receptor.

♦ Solicitado ao invés de imposto.

♦ Dirigido para comportamentos que podem ser modificados.

— Esse item, Beatriz, eu não entendi.

— Tenho um amigo, vou te dar um exemplo, que é palestrante, ele possui uma perna bem mais curta que a outra. Quando estou dizendo mais curta, é mais de dez centímetros de diferença. Portanto, ao caminhar, ele manca.

— Lembrei de uma piada... olha a curva...

Beatriz ignorou minha interrupção.

— Aí um colega de trabalho, num treinamento, foi chamado a dar *feedback* sobre a atuação desse meu amigo. O *feedback* dele foi: "você manca quando caminha!"

Gargalhei com vontade.

— Nem na minha fase mais troglodita, eu faria um comentário deste. O que o infeliz esperava? Que o seu amigo cortasse um pedaço da perna para igualar com a outra e parar de mancar?

— Pois é, Lucio. Sorte que meu amigo é tranquilo, até hoje isso virou motivo de piada para todos. Podemos seguir em frente?

♦ Oportuno - o mais próximo possível do comportamento em questão, dependendo naturalmente do clima emocional.

— Imagino que o momento certo não é enquanto os ânimos estão quentes, como eu fazia sempre... — acrescentei.

— Isso mesmo, mas nem dois anos depois como nós mulheres temos mania de fazer em nossos relacionamentos...

— Sei. É o que vocês chamam de discutir a relação, não é mesmo?

— É sim, Lucio. E, finalmente, o último cuidado ao dar *feedback*:

♦ Esclarecido para assegurar comunicação precisa.

— Se necessário, Lucio, faça com que o receptor repita o *feedback* recebido pra ver se corresponde ao que você quis dizer.

— Nunca pensei que isto exigisse tantos cuidados.

— É, Lucio. Se o processo não for conduzido corretamente, pode trazer mais prejuízo do que benefícios.

— Vai ver que é por isso que tantos gerentes evitam o tal do *feedback*...

— O que não está certo, Lucio. Sonegar *feedback* a alguém é uma espécie de castigo psicológico. Por incrível que pareça, as pessoas preferem receber até *feedback* ofensivo do que o silêncio absoluto, que é lido como indiferença. Mas é visível que este não é o caminho correto.

— Falta de tato. É o mínimo que posso dizer sobre minha postura inadequada! Mas estou mudando, Beatriz. Já aprendi que *feedbacks* ofensivos destroem pessoas, tenho me controlado.

— Eu me orgulho de você, Lucio. Mas não pense que só você metia os pés pelas mãos. Somos rápidos em apontar os erros dos outros e lentos ao reconhecer seus acertos. Quem diz isso é Richard Williams. Você vai precisar ter esse livro também.

— Então, daria para listar esses livros e me enviar por email?

Olhei para o relógio calculando o tamanho da irritação de Edgar a essas alturas.

— É mais prático. Pois então, neste seu livro, *Preciso saber se eu estou indo bem,* Williams diz que maioria dos gestores não dá *feedback,* e quando o faz, faz de maneira torta.

— Isso é lamentável.

— Fico feliz por saber que você está norteando suas ações pelo desejo de se tornar a melhor pessoa que pode ser e de apoiar os outros no mesmo sentido.

— É tudo o que quero, Beatriz. Acredite. Ser um Líder Transformador. O que mais você pode me ensinar?

— Elogie em público, critique em particular, e você estará cuidando da autoestima de seus colaboradores.

— Só em pensar na quantidade de vezes que humilhei meus vendedores na frente de todos... Parece-me que cordialidade é um tipo fundamental de *feedback.*

— Isso mesmo. Lembre-se de falar em seu próprio nome e dos seus sentimentos. Já vi muito gerente ao dar um *feedback* dizer frases do tipo: "olha, veja bem, esta não é minha opinião, mas os outros estão dizendo..." Quando a pessoa que está recebendo o *feedback* pergunta: "que outros?", o gerente responde: "ah! Isso não posso revelar, ou estaria traindo a confiança deles!" Não se preste a fazer o papel de garoto de recados, Lucio. Lembre-se de manter o contato visual. As pessoas sentem-se valorizadas quando as olhamos nos olhos ao falar.

— Certo — fiz um movimento positivo com a cabeça encorajando Beatriz a continuar.

— Procure valorizar seus acertos, mas evite *feedbacks* insignificantes, do tipo "Valeu", "É isso aí!" "Muito bem!". São tão vagos ou genéricos que a pessoa que o recebe desconhece seu propósito. Preferencialmente, use *feedbacks* positivos. Quando necessário você também pode dispor dos *feedbacks* corretivos, que permitem modificar comportamentos.

— Quanto detalhe!

Beatriz sorriu. Provavelmente já estava esperando por aquela reação. Foi até sua mesa, abriu a primeira gaveta, pegou mais uma de suas anotações numa folha impressa. Dessa vez, as dicas não cabiam num *post-it*. Entregou-me, li as seguintes orientações:

CINCO PASSOS PARA CORRIGIR UM COMPORTAMENTO

1. *Dê feedback positivo*
2. *Faça perguntas cuidadosamente orientadas*
3. *Diga claramente qual mudança é necessária*
4. *Aplique a disciplina apropriada*
5. *Estabeleça um limite*

— Assim fica mais fácil — comentei. — A parte de aplicar a disciplina, particularmente, eu adorei — e ri alto.

— Lucio, Lucio...

— Estou só te provocando!

— Comece sempre com o *feedback* positivo. Se não funcionar, passe para o corretivo. Se ainda não funcionar, estabeleça um limite com um nível adequado de disciplina.

— Vai ser duro não deixar que o velho Lucio cresça demais!

— Imagino. Por isso fique atento. Continue tratando as pessoas com respeito, mas isso não significa ser conivente com os erros ou abster-se de dar limites. Dizer "não" também é um gesto de amor.

— A questão é que não pode ser o único gesto!

— Isso mesmo, Lucio. O *feedback* positivo é uma ferramenta poderosa, capaz de curar feridas profundas. Sempre que possível, opte por ele. Já que hoje estou bombardeando você com indicação de livros, lá vai mais uma. "O Monge e o Executivo" de James Hunter.

— Esse já li.

— Então veja. Você lembra de quando ele fala da conta relacional? Nossos relacionamentos são como contas bancárias. Sempre que elogiamos estamos fazendo um depósito. Quando criticamos, fazemos uma retirada. Acontece que esta conta não é um por um. Para cada crítica, precisamos de quatro elogios para voltar a equilibrar a conta!

— Ufa! Dessa passei super perto. Quase cumpro esta equação — brinquei pois mal lembrava de situações onde me utilizei de *feedbacks* positivos.

— Nada incentiva mais as pessoas a darem o melhor de si mesmas do que valorização. Mas em alguns casos pode levar tempo para acontecerem os efeitos. O *feedback* positivo faz com que comportamentos sejam repetidos, modificados, moldados.

Primeiro fiz uma anotação mental. Depois disse:

— Prometo a você que vou me esforçar, Beatriz.

— O principal valor do trabalho é ser uma oportunidade de nos desenvolvermos, alcançarmos nosso propósito essencial.

— Que é de nos transformarmos nos melhores seres humanos que somos capazes de ser... — complementei.

— E isso só é possível — acrescentou Beatriz — ajudando outras pessoas a fazerem o mesmo. Vivemos acreditando no mito de que prazer, posses e realizações nos trarão plenitude, mas nada disso proporciona verdadeira felicidade. Só quando você se livra das amarras do ego, mostrando o seu melhor, apropriando-se da sua magia, ajudando outras pessoas a fazerem o mesmo, é que realmente será feliz. Isto é ser um Líder Transformador.

— Estou empolgado com minha dupla missão. A primeira é resgatar o respeito, a confiança do meu grupo, e com isso alavancar resultados para a empresa. A segunda é procurar o meu filho, recomeçar minha relação com ele em novos moldes. Aquele meu menino, Alexandre Almeida, teimoso como eu. Para você ver, o meu sobrenome, ele nem usa, quer ser diferente de mim, mas por mais que se esforce não consegue. A teimosia deve estar no DNA.

Beatriz agarra os livros de cima da mesa, empilha-os

sobre um braço e antes que consiga chegar à estante, os livros espalham-se pelo chão.

— Lucio...

— Fique tranquila. Entendi perfeitamente. Preciso correr ou Edgar Brandão terá um colapso nervoso de tanto me esperar. Prometo praticar com empenho minha quarta lição.

— Que é?

Antes de dizer, pisquei o olho para Beatriz como há muito não fazia com uma mulher.

> **MOSTRE O SEU MELHOR.**

Capítulo 13

Ainda no consultório de Beatriz Sampaio
Sexta-feira, 16 de dezembro
Mais tarde

O MUNDO É REALMENTE UMA ERVILHA.

Pela porta que ficou aberta com a saída do Lucio entra a secretária.

— A senhora está bem, dona Beatriz?

Lucio pareceu tão empolgado ao sair da sala que provavelmente não conseguiu observar o momento em que Beatriz já não teve mais forças nos braços e aos poucos petrificou.

— Como foi mesmo que Lucio chamou o filho?

— Desculpe-me, dona Beatriz, eu lhe perguntei se a senhora estava bem.

"Alexandre Almeida? Não é esse o Gerente de RH que contratamos para a MS Construtora?"

— Este nome é muito comum.

— Qual nome, dona Beatriz?

— Bobagem, Silvana, deve ser uma simples coincidência. Ainda assim preciso averiguar com a área de pessoal, afinal, a gota d'água que fez Lucio ter o infarto do miocárdio foi a saída do filho do Grupo Brandão para trabalhar na empresa do principal concorrente dele.

— Quer que eu lhe traga alguma coisa?

— Um copo de água, um suco de laranja, o que tiver na geladeira.

— Com licença.

"Definitivamente isto não pode estar acontecendo. O meu Alexandre Almeida não pode ser o filho dele... Justo o Lucio? Estou tão motivada a ajudá-lo. Calma, Beatriz, você já passou por outras situações difíceis. Talvez seja uma coincidência de nomes... E se não for? Se não for, preciso descobrir uma forma de não deixar tudo isso prejudicar o atendimento de Lucio".

A secretária voltou.

— Aqui está sua água, dona Beatriz. O suco de laranja infelizmente acabou.

Beatriz toma um gole.

— Sabe, Silvana, já faz pelo menos um ano que acompanho de longe os negócios da MS Construtora. Quando passei a presidência da empresa para o meu marido decidi me afastar para que ele pudesse assumir as rédeas dos negócios. Ele precisava exercitar o novo modelo gerencial que implantei. Acredito que fiz um belo papel auxiliando meus gestores a abandonar velhos paradigmas de chefes centralizadores, e experimentar a liderança compartilhada. Você lembra?

— Sim, senhora. Isto tem a ver com o que aconteceu nessa sala quando o dr. Lucio estava aqui?

— Sim e não. O que vai acontecer, o Lucio ainda não sabe.

— Sabe?

— Durante meses, você sabe, passei instalando em minha empresa novas competências de liderança, investi em quem demonstrou interesse real por acompanhar as ondas da transformação. Essas ondas, Silvana, não são modernismos, o mundo mudou! O capital humano é hoje o patrimônio mais precioso das empresas. O velho "manda quem pode obedece quem tem juízo" funcionou durante a revolução industrial, mas em pleno século XXI as pessoas deixaram de ser mão de obra, aprenderam a exigir respeito.

— Eu sei, dona Beatriz. A senhora sempre teve um jeito muito especial para lidar com gente.

Beatriz tomou outro gole de água, pôs o copo sobre a mesa, deu a volta, acomodou-se na poltrona. O que lhe vinha à mente era que na MS Construtora não havia conseguido resultados com todos os gestores. Decidiu manter no time somente aqueles que se dispuseram a ser verdadeiros líderes, não mais feitores, pois escravidão já estava em tempo de ser abolida. Deus sabe que paciência não lhe faltou, mesmo com os mais resistentes, em consideração ao tempo em que foram fiéis à empresa. Mas quem realmente não teve o desejo de crescer, Beatriz substituiu por outros que incorporaram a filosofia da Liderança Transformadora, que passava por compartilhar o poder. Sempre esteve convencida de que esta era a única maneira de conquistar comprometimento dos colaboradores.

— Dona Beatriz, aconteceu algo nesta sala que eu ainda não entendo o que foi. Será que posso ajudar?

Silvana não estava sendo insolente. Beatriz precisava organizar suas ideias.

– A senhora deseja mais alguma coisa, dona Beatriz?

– Não, Silvana. Pode ir. Depois conversamos.

Beatriz tomou de uma vez toda água que restava no copo.

Nos empreendimentos mais produtivos, a responsabilidade da liderança é distribuída em toda organização, não apenas utilizada como meio de controlar a mão de obra. Beatriz não precisava de capatazes e sim de líderes dispostos a revezar liderança com os seguidores, sem medo de perder a cadeira. Somente assim teria o comprometimento, o entusiasmo de todos, o que traria como consequência um avanço monumental para o desempenho de sua empresa. Beatriz estava certa. Quando terminou de implantar e averiguar o salto na produtividade que o novo modelo de gestão trouxe para a construtora, percebeu que era hora de se afastar, a equipe precisava caminhar sozinha. Foi aí que ficou livre para auxiliar gestores de outras empresas com sua fórmula de sucesso. A fórmula consiste em estimular pessoas a se sentirem corresponsáveis por seus resultados. Simples assim.

Pretensioso dizer isso?

Olha no que deu.

Lá se foi bastante tempo desde que Beatriz concluiu seu curso de psicologia. No início, lembrava-se como se fosse hoje, só utilizava os conhecimentos adquiridos naquela segunda faculdade dentro da Construtora. Foi quando recebeu o convite para trabalhar como psicóloga voluntária no Hospital Cardio Help. Impossível deixar de lembrar que seu pai havia morrido de ataque fulminante do coração. Seu querido pai! Um homem assoberbado de trabalho que pecou por excesso de preocupações e stress. Ela enxergou a oportunidade de apoiar outros profissionais, pais de família que cometiam os mesmos erros. Poderia ensinar-lhes um caminho diferente, como já havia feito com os gestores de sua empresa.

Lucio Queiroz foi mais um de uma série de muitos.

Histórias como a dele se repetem o tempo todo no meio empresarial. Ele precisava de socorro imediato. O coração não aguentaria um segundo aviso. Quando as mudanças ocorressem, trariam ganhos não só para o Grupo Brandão, mas para todas as pessoas que direta ou indiretamente conviviam com ele.

Quem diria!

"Se a MS Construtora não tivesse passado pela crise de gestão que passou, eu não teria desenvolvido minha metodologia de implantação da Liderança Transformadora. E se meu trabalho de *coach* na empresa não tivesse dado tão certo, eu não teria ficado livre para montar meu próprio consultório, acompanhar outros executivos em seu processo de crescimento. Assim como não precisaria ter contratado um gestor de RH. E se eu não estivesse aqui, não teria conhecido Lucio Queiroz, que por acaso talvez seja pai do meu gestor de RH. Ervilha. O mundo é uma ervilha. O que faço agora?"

O que faria em primeiro lugar seria averiguar se os dois Alexandres são a mesma pessoa. A intuição gritava que eram. "Precisaria explicar esta triste coincidência para o Lucio. Uma infeliz, ou feliz, coincidência?" O fato é que Beatriz estava animada com os progressos apresentados por Lucio. O afastamento dela da presidência da MS Construtora não trouxe prejuízos. Esta convicção vinha dos resultados, do prêmio das Maiores e Melhores da Exame.

Não podia deixar que nada atrapalhasse os progressos que Lucio vinha conquistando.

Beatriz recolheu da mesa o copo vazio, e dirigiu-se à recepção do consultório.

– Dona Beatriz, no final do dia, eu saio e compro suco de laranja. A senhora quer que eu compre mais coca-cola e água mineral?

Beatriz descansa o copo na mesa da secretária, negativamente acena com a cabeça, volta para sua sala. Precisava pensar. Devia haver uma saída para aquela piada de mau gosto do Universo. E, de algum jeito, encontraria.

Capítulo 14

Apartamento de Lucio Queiroz
Fim de semana

A FORMA MAIS EFICAZ DE VIVER É VIVER COMO UM GUERREIRO

"Quando um guerreiro decide fazer alguma coisa, deve ir até o final e eu, Lucio Queiroz, nunca fugi de uma boa batalha."

Naquele fim de semana, passei preparando o plano de ação para retomar a coordenação de meu grupo de trabalho. Na reta final do ano, eu precisava fazer um excelente fechamento das metas para começar 2012 com o pé direito.

Decidi planejar por quem iniciaria as sessões de *feedback*. É evidente que os primeiros da lista seriam os gerentes. Depois, haviam pessoas em cargos estratégicos ligados diretamente a mim com as quais eu precisava conversar. Finalmente, chamaria os vendedores que em minha avaliação necessitavam ser alinhados ou reforçados positivamente. Os elogios, pretendia fazer em público, como foi orientado por Beatriz. Teria o cuidado de não atropelar a hierarquia, então sempre que houvesse necessidade de chamar um dos subordinados de meus gerentes, eu o faria com o consentimento dele ou com sua presença, se fosse o melhor caminho.

Tudo devidamente detalhado, mas não me senti satisfeito. Parece que faltava um passo fundamental em minha retomada do grupo. Eu sabia qual era. Precisava pedir perdão. De peito aberto. Na frente de todos. O tal email misterioso poderia ter vindo de qualquer um deles. A verdade é que eu havia errado muito no passado, a única forma de recomeçar num novo patamar e conquistar confiança das pessoas era zerando a história até ali.

Acontece que dos 800 colaboradores do Grupo Brandão metade fazia parte da Diretoria Comercial. Precisaria reunir estas pessoas em auditório, assumir publicamente minha incompetência em lidar com gente. A logística para providenciar algo desta dimensão não era nada simples. No entanto, na próxima quinta-feira, dia 23 de dezembro, todos os colaboradores da empresa estariam reunidos para a festa de fim de ano.

Como sempre acontecia, Edgar Brandão gostava de trazer um palestrante para o evento, fazia seu discurso de agradecimento aos colaboradores e finalmente encerrava com uma festa de confraternização onde eram entregues cestas de Natal. Ocasião perfeita para meu intento.

Eu sabia que a área de RH estava providenciando tudo, inclusive a contratação da palestrante. Este ano, uma psicóloga falaria sobre um tema voltado ao desenvolvimento humano. Marlene Paz. Paz? "Interessante", pensei, "tudo conspirava a meu favor". "Tentativa suicida?" Reconsiderei. Talvez. Mas quem já viu a morte de tão pertinho não tem mesmo muito a perder.

A ideia merecia ser amadurecida, tinha alguns dias pela frente.

Capítulo 15

Grupo Brandão
Segunda-feira, 19 de dezembro

FEEDBACK, UM PRESENTE VALIOSO

Na segunda-feira acordei com uma enorme dor de garganta. Parecia que minha laringe, faringe, todas elas haviam se rebelado contra mim. Doía. Latejava. Era só o que me faltava! Definitivamente, hora errada para adoecer. Felizmente, a voz, embora um pouco rouca, continuava firme e forte. Ignorei os sintomas, chamei meus gerentes, um a um, para fornecer-lhes *feedback* acerca de suas atuações ao longo daquele ano. Desculpei-me por não ter feito isso antes e assumi o compromisso de que dali em diante, teríamos momentos como aquele no mínimo mensais, além de reuniões semanais com o corpo gerencial. Até então, os resultados da área comercial eram acompanhados por relatórios diários das vendas. Tratava-se de um excelente termômetro para medir o desempenho de meus gestores, mas eu queria mais. Minha intenção era que cada um de meus gerentes soubesse como estava sendo visto por mim, além de abrir um canal de comunicação para colher sugestões ou insatisfações apresentadas. Cada um da sua forma, mas Denise, Paulo, até mesmo João Luiz, que sempre faz o papel do advogado do diabo, aprovaram minha iniciativa. Durante o *feedback* de Denise, pensei em consultá-la sobre minha ideia de desculpar-me com todo o grupo, mas preferi calar-me.

Quando terminei esta primeira rodada de entrevistas, notei que minha dor de garganta havia aliviado. Possivelmente, aquecer as cordas vocais ajudou a mascarar os sintomas. Então não tive dúvidas, continuei minha saga para acertar os vagões nos trilhos em minha vida. O mesmo procedimento usado com os gestores repeti com oito colaboradores de minha equipe que ocupavam cargo de *staff* ou planejamento. Fiquei atento a cada um dos ensinamentos de Beatriz. Procurei iniciar os *feedbacks* ressaltando os aspectos que mais admirava em cada um dos colaboradores. Em seguida, apontava oportunidades de melhoria e juntos pensávamos nos primeiros passos de um plano de ação que seria aprofundado individualmente pelo colaborador para numa segunda reunião ser negociado e ajustado comigo. Finalmente, encerrava a entrevista ressaltando mais uma vez os pontos positivos daquela pessoa que estava à minha frente, agradecendo pelo comprometimento nas metas do Grupo Brandão.

Terminei o dia aliviado, e pasmem, sem o mínimo sinal da infecção de garganta. Apalpei o pescoço, testei as cordas vocais e nada. Os sintomas haviam sumido como que por milagre! Desconfiei que a dor estivesse sendo provocada pelas verdades que estavam trancadas em minha garganta e tinham urgência em sair. Quem sabe? Dizem que estas coisas acontecem.

Na terça-feira acordei com uma profunda sensação de gratidão por pessoas de minha equipe. Apesar de todos os percalços em minha vida pessoal, os resultados atingidos pelo Grupo Brandão em 2011 tinham sido significativamente melhores que no ano anterior. Eu sabia que Edgar Brandão faria menção a isso em seu discurso de fim de ano. Mas resolvi pessoalmente fazer algo para demonstrar minha consideração. Passei num supermercado, comprei dez barras de chocolate das maiores que consegui encontrar. Chegando à empresa, pedi para área de RH o resultado dos três últimos períodos da Avaliação de Desempenho que era aplicada semestralmente com base nas metas alcançadas. Extraí de lá o nome dos dez melhores vendedores.

O primeiro da lista foi Jorge, da equipe de atendimento.

– Senhor Queiroz, mandou me chamar?

– Chamei, sim.

– Pois não, senhor Queiroz – disse ele da porta.

– Entre, meu rapaz.

Jorge parecia caminhar sobre brasas enquanto se locomovia até a cadeira que apontei em frente à minha mesa. Sentou, apoiou o braço direito sobre a mesa, como se precisasse daquilo para não despencar.

– Jorge – retomei –, tenho ouvido falar muito bem de você através do seu gerente. Quero dizer que confirmei – apontei para o relatório de Avaliação de Desempenho que estava sobre minha mesa. – Paulo não exagerou.

– O senhor olhou os resultados da Avaliação de Desempenho – disse ele como se exclamasse, e baixou de repente os olhos. – Desculpe – acrescentou –, claro que o senhor olhou os resultados.

Acabei rindo nessa hora.

— São muito positivos, Jorge.

— Obrigado Senhor Quei... Olha, Seu Lucio, tenho só que agradecer. Faço o que posso para justificar o meu salário — ajeitou então o cabelo atrás com a mão direita, soltando a mesa momentaneamente.

Parecia que distâncias estavam diminuindo entre nós. De senhor Queiroz eu já havia virado Seu Lucio!

— E tem se destacado — continuei. — Sua habilidade para lidar com os clientes é espetacular. Todos querem ser atendidos por você. A capacidade de realizar venda complementar então nem se fala. O cliente entra em nossas lojas para adquirir um *mouse pad* e é capaz de sair com um gabinete, teclado, caixas de som, apoio para pés, apoio para punho, suporte para notebook...

Agora rimos juntos.

— Assim o senhor me deixa sem jeito, Seu Lucio. É que na realidade acredito muito em nossos produtos. Eu mesmo sou consumidor. Então fica fácil vender. Minha mulher vive reclamando que gasto boa parte de meu salário nas novidades que a empresa oferece.

Risos.

— Quer dizer que você vende para si mesmo só para aumentar sua comissão?

Mais risos.

— É quase isso — a fisionomia de Jorge parecia ser uma mistura de prazer pelos elogios com estupefação por me ver, o poderoso Lucio Queiroz, tão acessível, divertido. Na realidade, talvez fosse a primeira vez que alguém me via assim, na realidade mesmo talvez fosse a primeira vez que eu me sentia assim.

Meu celular começou a tocar. Nem me dei ao trabalho de ver quem chamava. Recusei a chamada. O que eu estava vivendo naquele momento era importante demais, não permitia distrações.

– O senhor não quer atender?

– Outra hora. Se for importante, volta a ligar. Então, Jorge, é por essas e outras que não posso deixar de manifestar o quanto estou feliz por tê-lo em nossa equipe. Quero me colocar à disposição para ouvir suas sugestões de melhoria ou dificuldades que queira compartilhar comigo, isso sem atropelar Paulo, é claro, que é um excelente líder. Tenho certeza que você pode contar também com ele sempre que precisar...

– É verdade!

– Sei que no final do ano o Grupo Brandão lhe dará a bonificação por ter se destacado na avaliação de desempenho, mas senti vontade de pessoalmente manifestar o meu reconhecimento pelos seus esforços e resolvi adoçar um pouco o seu dia.

Peguei na gaveta uma barra de chocolate ao leite para cobertura de 500g e entreguei a Jorge.

– Nossa, seu Lucio, tem muito chocolate aqui!

– Obrigado por fazer diferença em nossa empresa – sorri e apertei a mão de Jorge me despedindo gentilmente.

Jorge saiu da sala sem ter onde esconder aquela enorme barra de chocolate. Esta era exatamente minha intenção. Eu sabia que os demais colaboradores fariam perguntas, e Jorge teria que contar o motivo pelo qual foi premiado. Além disso, ao chegar em sua unidade de trabalho, provavelmente sentiria necessidade de abrir o presente, dividi-lo com os colegas de sua equipe, que de uma forma ou de outra colaboraram para que os resultados fossem possíveis.

Assim que terminei de conversar com ele, o celular voltou a tocar. Desta vez olhei o visor. Número desconhecido para mim. O mesmo que já havia chamado anteriormente. Ignorei mais uma vez. Não queria interromper minhas sessões de *feedback*.

O mesmo procedimento foi repetido com os outros nove vendedores distribuídos entre os três departamentos da Diretoria Comercial. Desta forma, não só aproveitei para oferecer *feedbacks* positivos, mas comecei a compartilhar uma nova doçura que se instalava em meu coração.

* * *

Ao final daquele dia de *feedback* positivo com meus vendedores, eu saboreava o que provavelmente pessoas chamam de paz, sensação essa, aliás, pouco comum em minha vida, mas algo me dizia que ocorreria cada vez com maior frequência. Fiquei ali, sem pressa, apropriando-me do meu momento de crescimento como líder. Foi quando olhei pela janela e notei que já havia escurecido. Será que as horas passaram e não notei? Olhei para o relógio no pulso. Oito da noite, era hora de ir para casa. Recolhi toda papelada que estava sobre minha mesa, incluindo o relatório de Avaliação de Desempenho, guardei na segunda gaveta. Já ia desligar o computador, mas dei minha olhada costumeira na caixa de emails para ver se havia algo que não pudesse ser resolvido no dia seguinte. Enquanto os emails baixavam continuei guardando os objetos que estavam sobre a mesa. Fechei a gaveta, virei-me para a tela do computador.

No meio de todas as outras mensagens, uma roubou minha atenção.

"Seu descaramento é aviltante".

Não era vírus. Embora desconhecesse a identidade de quem mandara aquele email, eu imaginava que o autor só poderia ser o mesmo do outro email anônimo. Deveria abrir para ler? Permitiria que um dia perfeito fosse maculado por agressões de alguém que não queria se identificar? Por outro lado, como poderia simplesmente deletar aquele email sem ver seu conteúdo? Ainda que de maneira torta, alguém estava manifestando desagrados em relação à minha nova postura. Isso não deixava de ser uma forma de *feedback*. Torcida, doentia, mas *feedback*.

Abri.

E lá estava a mensagem. Mesmo remetente.

De:	18793212@software.com
Para:	lucioqueiroz@grupobrandao.com.br
Assunto:	"Seu descaramento é aviltante".

Devo chamar de Papai Noel ou Coelhinho da Páscoa o novo personagem representado por você? Que ridículo!

Da próxima vez opte por uma maçã, assim poderemos correlacionar com a perversa madrasta, que ao menos combina mais com o seu estilo.

Você me dá nojo, Lucio Queiroz.

Hora da mensagem: 19:40h.

O expediente no grupo Brandão encerra às 19 horas, ou seja, tempo suficiente para qualquer empregado deslocar-se até uma *lan house* e mandar a mensagem.

Imprimi e deletei.

Achei que deveria mostrar para Beatriz, mas não pretendia tentar rastrear novamente.

— Quer saber? — falei em voz bastante alta — Pouco me importa quem mandou.

Mais dia ou menos dia, seja lá quem for o autor das mensagens iria se cansar da *brincadeira,* talvez esvaziasse seu ódio. Neste dia, pensava, perceberá que realmente mudei.

No fundo, eu sabia que não poderia agradar a todos. No entanto, tive convicção de que estava no caminho certo. Minha paz, inabalável, mesmo depois do email, é que me dava tanta segurança.

Desliguei o computador, tomei da mesa a chave do carro, dirigi-me para o elevador. Fui para casa tranquilo, com sensação do dever cumprido, sentindo-me um ser humano melhor.

Ao menos em minha vida profissional, tudo estava começando a entrar nos eixos. Já não era o caso da familiar. Vera não havia dado notícias de Alexandre. Não aguentava mais aquela espera interminável. Será que finalmente ao chegar em casa encontraria algum recado na secretária eletrônica? Aquele compasso de espera não podia continuar por muito tempo.

Capítulo 16

Apartamento de Lucio Queiroz
Terça-feira, 20 de dezembro

QUANDO AS PEÇAS SE ENCAIXAM

Nove horas da noite.

Mal havia aberto a porta para entrar em casa, ouvi o telefone tocando. Corri para atender. Lá estava a voz de Vera do outro lado da linha. Forte, intensa, doce. Que mulher! Enfim, o telefonema que tanto esperei. Quem diria que um dia perfeito poderia acabar ainda melhor. Era maravilhoso ter a presença de Vera, mesmo que por telefone.

– Olá, Vera, é muito bom ouvir sua voz.

– Bo...a noi...te, Lucio – ela respondeu. – Liguei para o seu celular várias vezes esta tarde, sem sucesso...

– Ligação sua? O que vi foi um número desconhecido.

– Precisei trocar o número...

– Trocou quando? Não fiquei sabendo.

– Bem...

– Deixa para lá. Conversou com Alexandre?

– Conversei, sim. Hoje, no início da tarde...

— É mesmo? O que ele disse? Aceitou conversar comigo?

— Bom, Lucio...

— Bom Lúcio o quê?

— Na realidade — completou ela —, ainda não.

— Como assim? Ele realmente não vai falar comigo? — a pergunta saiu feito um grito ao telefone.

— Olha, Lucio, fiz o que pude. Não tenho obrigação de resolver os seus problemas — o tom de Vera pareceu de súbito irritado, provavelmente já arrependida por ter ligado.

— Desculpe-me, Vera — intervi. — Desculpe minha alteração. É claro que você não tem obrigação nenhuma, meu amor... — o "meu amor" escapou. Percebi, mas não dava mais tempo de consertar. — É que esse assunto mexe muito comigo...

Silêncio do outro lado da linha. Teria sido o "meu amor" ou a ligação caiu?

— Vera? Vera?

— Estou ouvindo. Não sei o que pensar!

— Sobre o Alexandre? — ou sobre o "meu amor"? — Vera — continuei —, ele é meu filho. Já não fui punido o suficiente? Eu já perdi você, a pessoa que mais amei. Não quero perdê-lo também.

Silêncio novamente. Talvez eu estivesse exagerando na dose, mas não tinha mais nada a perder.

— Talvez devêssemos conversar pessoalmente, Lucio...

"Isto seria uma brecha?", pensei.

— Sim, sim, é evidente que sim. — respondi. — Mas antes preciso resolver esta situação com Alexandre. Vera, posso te fazer um convite?

— Sim — voz mais aveludada do que o seu normal.

— Na sexta-feira haverá a festa de fim de ano no Grupo Brandão. É só para os funcionários, você sabe. Mas gostaria que você e Alexandre estivessem presentes. Será uma noite muito especial para mim. Você acha que consegue?

— Sexta-feira?

— É. Dia 23. Às 20 horas.

— É possível, sim. Só não sei se conseguirei levar Alexandre. Ele está muito magoado. Além disso, tem trabalhado muito na MS.

— MS o quê???

— A Construtora MS do Jairo Martins. Você está cansado de saber que seu filho foi trabalhar com ele...

— Essa construtora é da Beatriz Sampaio! — meu tom de voz subiu bastante.

— Isso mesmo. Irmã e sócia do Jairo. Ela e Claudio Sampaio, o marido. Você a conhece?

Senti o meu peito apertar.

Apertar de verdade.

— Lucio, Lucio — repetia Vera —, você está aí?

Capítulo 17

Apartamento de Alexandre Almeida
Quarta-feira, 21 de dezembro
Madrugada

ENTRE O IDEAL E O REAL EXISTE UMA GRANDE DISTÂNCIA

Madrugada longa. Alexandre mal conseguira dormir depois da conversa que teve com a mãe na tarde anterior. Então Lucio Queiroz estava mudando? Queria muito acreditar nisso, mas não pretendia criar ilusões, e depois se frustrar. A mãe insistindo para que pai e filho tivessem um encontro. Justo agora que as feridas abertas começavam a cicatrizar... Provavelmente, o melhor a fazer era deixar tudo como está. Mas pai é pai. E Alexandre amava aquele pai. Por toda infância e parte da adolescência o viu como o seu herói, modelo de competência, exemplo a ser seguido. Aos 15 anos, o encanto acabou. Por muitas vezes precisou da presença do pai em sua vida, ele não estava lá. Preferia dedicar seu tempo ao Grupo Brandão. O pai insistia que estava fazendo tudo aquilo pela carreira de Alexandre, e que no futuro ele agradeceria. Porém, Alexandre trocaria qualquer carreira promissora por assistir uma partida de futebol com o pai.

Quando manifestava seus incômodos, Lucio respondia que Alexandre era jovem demais para compreender tudo aquilo. Acontece que o tempo passou e o discurso do "jovem demais" não desapareceu. Mesmo quando Alexandre formou-se em Administração e foi trabalhar como Gerente de RH no Grupo Brandão, mesmo depois de concluir duas especializações, mesmo sendo referendado pelos demais gerentes, e diretores da empresa, Alexandre continuava não podendo expressar suas divergências em relação às opiniões do pai. A resposta era sempre a mesma: "Você é jovem demais; falta maturidade para você compreender minhas decisões". Alexandre sabia, morreria jovem demais para o pai, e o único caminho que encontrou para enfim ser ouvido foi rompendo o relacionamento com ele.

Um mês se passou. Nunca ficou tanto tempo sem contato com o Lucio Queiroz. No início, a raiva o mobilizou. A seguir, misturou-se com preocupação quanto ao estado de saúde do pai e agora, um mês depois, o ressentimento parecia dar lugar à saudade. Após conversar com a mãe, um novo sentimento se juntou aos anteriores: curiosidade. Teria mesmo Lucio mudado?

Alexandre foi trabalhar com todas essas interrogações na cabeça. Assim que entrou em sua sala, recebeu a visita de seu chefe, Jairo Martins.

– Querido Alexandre, posso entrar? Bom dia!

– É claro, Jairo – Alexandre caminhou até a porta para receber Jairo com um aperto de mão. – Sente-se, a empresa é sua – e sorriu.

– Atrapalho?

– De forma alguma – com um movimento de mão apontou a cadeira, convidando-o para sentar. – Acabei de chegar.

– Você passou em frente à minha sala, tive impressão que vi uma ruga de preocupação em sua testa... imaginação minha?

– Você me conhece mesmo, não é, Jairo?

– O que houve?

Alexandre afundou na cadeira como se de repente o peso do corpo tivesse ficado grande demais.

– Lucio Queiroz.

– Seu pai? Ele te procurou?

– Não, não. Quer dizer, tem me telefonado com frequência, mas eu simplesmente não atendo, ignoro as ligações. Pensei em trocar de número. Só não fiz isso porque os amigos perderiam o contato comigo.

– Você tem ignorado ligações dele? – Jairo coloca a mão no queixo, como quem está refletindo sobre o que foi dito.

– Hã, hã. Mas não é esse o problema. Ele esteve com minha mãe, os dois conversaram. Pelo visto, ele a convenceu de que está arrependido das velhas posturas, de que tem se esforçado para mudar. Parece até que está fazendo sessões de *coaching*...Vê se pode!

– E você?

– Eu quero muito acreditar em tudo isso, Jairo, mas não consigo. Você, melhor do que ninguém, sabe do que estou falando.

— Sei sim. Nunca consegui convencer aquele cabeça dura de que haviam outras formas de liderar pessoas além da lei do chicote. Sei que ele nunca me engoliu por pensar e agir diferente dele. Nunca consegui concordar com todo aquele autoritarismo e rigidez. No entanto, eu o compreendo.

— Compreende?

— Compreendo, o que não significa que apoio ou concordo. Alexandre, seu pai tem dez anos a mais do que eu. Isso não é desculpa para ser tão retrógrado, eu sei. Ele aprendeu a gerenciar por tentativa e erro. Foi criado num mundo onde o militarismo imperava. O "manda quem pode obedece quem tem juízo" era considerado o lema da época. E os resultados vieram. Ele, ao lado de Edgar Brandão, construiu aquele império. Eu cheguei bem depois. Lucio sempre teve dificuldade para se relacionar com gente, então se escondia atrás de uma carga monstruosa de trabalho.

— Escondia-se até de sua própria família!

— Sei disso. Acompanhei o fim do casamento dele com Vera. Lamentei muito. Nunca tivemos muito contato fora da empresa então na época não encontrei espaço para ajudá-lo. Lucio não dava espaço para ninguém se aproximar. Era um ser solitário...

— Eu que o diga!

— Sei que você sofreu muito com isso, Alexandre. Qualquer criança sofreria. Mas ele é seu pai! Olha, todos temos na cabeça o pai ideal e o pai real. Amadurecer é perceber que o pai ideal não existe. Precisamos aprender a lidar com o verdadeiro, o de carne o osso, o pai que temos.

— É, eu sei. Mas um jeito de lidar com ele não seria ignorá-lo?

— Alexandre, segundo sua mãe, Lucio está fazendo um esforço para mudar. Dê uma chance a ele.

— Você quer dizer uma segunda chance...

— Uma segunda, uma terceira, uma quarta... Claro que ele vai escorregar. Não acontecem mudanças milagrosas. Ele vai precisar de muito apoio até que novas atitudes virem hábito e se instale o novo Lucio.

— Não quero me machucar. De novo.

— Sei disso, Alexandre. Mas você é um bom homem, tem um bom coração. Seu pai, no fundo, também é. Não há outro caminho além de perdoá-lo.

— Prometo que vou pensar em suas palavras. Obrigado Jairo. O pai que idealizo é muito parecido com você!

— Também tenho meus defeitos, meu garoto. A grama do vizinho é sempre mais verde!

— É verdade — sorriu. — Obrigado mesmo Jairo.

Jairo saiu da sala. Alexandre pegou o celular. Começou a discar o número do pai. Desistiu. Precisava de mais um tempo para estruturar tudo aquilo em sua mente.

Capítulo 18

Apartamento de Lucio Queiroz
Quarta-feira, 21 de dezembro
Madrugada

PASSANDO A HISTÓIA A LIMPO

Nem sei ao certo como encerrei a conversa com Vera. A vista escureceu. Achei que ia desmaiar. Respirei fundo várias vezes. Palpitações... tontura... Interfonei para o porteiro. Meia hora depois estava sendo atendido no Hospital Cardio Help.

Alarme falso. De acordo com o médico de plantão, uma crise de stress. O coração continuava firme. Tomei um calmante, fui para casa. Tentei dormir. Impossível.

Precisava olhar na cara de Beatriz Sampaio. A única pessoa em quem confiei. A pessoa que me apresentou um novo Lucio.

Lembro-me o quanto sempre foi difícil para mim confiar nas pessoas. Aprendi desde muito cedo a sobreviver sozinho, isso me fez manter a guarda fechada para os outros. Com Beatriz aceitei desarmar e ao que tudo indica, eu me dei mal. Fada madrinha ou grande vilã? Teria sido tudo uma terrível coincidência ou uma grande armação? Ia ter que esperar até o dia seguinte para descobrir.

Consultório de Beatriz Sampaio
Quarta-feira
Nove horas

Entrei na sala bufando, sem dizer bom dia. De pé, apoiei-me com as mãos no encosto da cadeira em pose de quem estava pronto para briga.

– Você sabia? – perguntei com voz áspera.

– Bom dia para você também, Lucio. Estamos falando sobre o quê?

– Não se faça de tonta, Beatriz. O assunto é meu filho Alexandre Almeida!

– Sente-se, por favor, Lucio. Sua irritação é compreensível, mas não é produtiva.

– Então você sabia? – sentei na cadeira, dei um soco na mesa.

– Lucio, contenha-se! – ela aguçou o olhar e debruçou-se na mesa – Vamos ter uma discussão ou um diálogo? Respondendo a sua pergunta, descobri há dois dias. Foi uma coincidência absurda!

– Explique-se.

– Então... na sexta-feira, quando você disse o nome de seu filho, percebi que era o mesmo nome do gerente de RH que contratamos. Passei o fim de semana com esta dúvida na cabeça. Tentei falar com meu irmão sem sucesso. Devia estar viajando... Enfim! Nunca imaginei que o nome de seu filho era Alexandre Almeida e não Alexandre Queiroz. Como eu ia saber?

Naquele momento constatei que estava vivendo um grande pesadelo que jamais teria acontecido se eu não houvesse baixado a guarda para Beatriz...

– O Jairo. Seu irmão!

– Isso mesmo.

– Você não sabia, claro, que foi por causa do seu irmão que fui parar naquele hospital?

– Lucio, você foi parar naquele hospital por uma série de motivos que hoje em dia já é capaz de identificar. E se você quer saber se eu conhecia a animosidade que possuía com o meu irmão, a resposta é NÃO!

– Como não?

– Você nunca me disse que teve problema com um ex-diretor do Grupo Brandão. Do contrário, eu poderia ter desconfiado que foi com o meu irmão. Você também não me disse onde seu filho foi trabalhar. Por outro lado, meu irmão não me falou de onde trouxe o currículo de Alexandre. Como você vê, Lucio, eu estava tão desinformada quanto você.

– Por que você nunca me disse que seu irmão trabalhou no Grupo Brandão?

– Porque não vinha ao caso misturar meus assuntos pessoais com profissionais. E não havia um porquê!

– Isso não me convence. Não me convence. Estou indignado com você.

– Eu posso compreender. Mas você há de convir que esta grande coincidência não tem nada a ver com o nosso propósito em suas sessões de *coaching*. Mas também vou entender se você me disser que não pretende continuar.

– Não consigo chegar a uma conclusão. Preciso pensar. Não quero parecer ingrato. Você fez muito por mim.

– Compreendo.

– Vou para casa. Outro dia conversamos.

– Você é quem sabe, Lucio...

Saí sem olhar para trás.

Capítulo 19

Apartamento de Lucio Queiroz
Quinta-feira, 22 de dezembro

É TEMPO DE RECOMEÇAR

A vida prega mesmo peças. Depois de esfriar a cabeça, conclui que aquelas estranhas coincidências não eram culpa de ninguém, muito menos de Beatriz. O fato é que não dava mais para continuar sendo a mesma pessoa e esperar resultados diferentes. A mudança mostrava-se irreversível. O velho Lucio ficava no passado e este que ressurgia das cinzas, como a fênix, estava me provando que eu era capaz de deixar vir à tona um ser humano melhor.

Aquela sexta-feira tão próxima ao Natal seria um dia decisivo em minha vida.

Liguei para Beatriz. Gostaria que ela estivesse no evento do Grupo Brandão. Durante a conversa, não deixei espaço para perguntas. Fiz o convite, clarifiquei o quanto era importante a presença dela e desliguei.

Agora era só esperar o grande dia.

* * *

Sexta-feira, 23 de dezembro
Auditório lotado

Os 800 colaboradores aguardavam a palestra da consultora que havia sido contratada pela área de RH. Sempre trazíamos um profissional para realizar palestras de fim ano. Justamente este ano, ela se chamava Marlene Paz.

Paz...

A diretoria optou por não falar de vendas, alcance de resultados, nada disso. Os colaboradores precisavam de autodesenvolvimento. Ela falaria sobre a "Arte de Viver Melhor". Associei o tema ao meu atual momento de vida, e por sinal, considerei-o bastante propício.

Meu momento de vida... E que momento! Tudo mudando...

Paz...

Em poucos minutos, eu daria um grande passo necessário para o meu recomeço, minha segunda chance... Foi aí que percebi o quanto estava tenso. Vejam só: mãos úmidas, dor de barriga, palpitações. Parecia um adolescente prestes a realizar prova de vestibular. Se o meu coração aguentasse o tranco, definitivamente eu estava curado.

Um movimento de Edgar Brandão caminhando em direção ao palco indicou-me que ele estava pronto para iniciar o discurso de abertura. Hora de avisá-lo que também faria uso da palavra. Do ponto onde eu estava, não tinha como saber se os meus convidados vieram.

De repente, ouvi uma voz familiar cumprimentando Edgar Brandão. Não podia ser. Não imaginei isso nem em meus piores pesadelos. Jairo Martins. Em carne e osso. Fora convidado para a festa de fim de ano. Nada mais natural, afinal, até há poucos meses, trabalhou naquela empresa. E agora?

Ele estaria presente em meu discurso.

Tarde demais para arrependimento. Edgar já estava falando, anunciava que em seguida eu também pronunciaria algumas palavras.

Burburinho no auditório.

Por um momento, o chão sumiu embaixo dos meus pés.

Apoiei-me na parede. *De quem é a mão firme que segura o meu braço?*

— Tudo bem com você, pai?

Era ele. Alexandre.

Só tive tempo de menear a cabeça positivamente, indicando que estava tudo OK e Edgar me chamou ao palco.

Lá de cima, à minha frente, muitos rostos conhecidos.

Um se destacou: Vera.

Ela veio!

Enquanto Edgar falava, meu olhar foi diferenciando mais rostos na multidão: Paulo, na linha de frente, Denise ao seu lado; no canto esquerdo, também da primeira fila, Jairo Martins; João Luiz, sentado um pouco mais atrás; alguns de meus vendedores preferidos; Vera, ao lado de Alexandre no canto direito do auditório. Suzana, na última fila. Só consegui identificá-la pelo barrigão enorme. E descendo as escadas centrais do auditório, Beatriz Sampaio.

Estavam todos lá.

* * *

Edgar não parava de falar. Do ponto em que eu estava no palco, via-o gesticular muito, seu tom de voz demonstrava ênfase, talvez empolgação, mas o conteúdo do que era dito eu não era capaz de compreender. Apenas um amontoado de sons... um blá-blá, blá-blá, blá-blá...

Espera interminável!

Enfim, parou.

Peguei o microfone. Era hora do show.

Minha voz saiu trêmula, insegura. Onde estava o poderoso Lucio Queiroz?

– Boa noite. Não vou tomar muito o tempo de vocês. Só peço que tenham um pouco de compreensão porque vou fazer hoje a coisa mais difícil e talvez mais importante de toda minha vida...

Murmúrios na plateia. Pessoas cochichando com o vizinho ao lado, mesmo assim, segui em frente.

– Vocês sabem, nunca fui especialista nesse negócio de lidar com gente...

Agora, enquanto eu falava, cabeças no auditório balançavam em sinal de concordância.

—... e quase paguei com minha vida por isso. Vi a morte de perto, e acreditem, não desejo isso a ninguém.

Silêncio no auditório. Eu podia ouvir o som da respiração das pessoas da primeira fila.

— Vejam, confesso que sempre acreditei que viemos ao mundo para colocar nossa inteligência e habilidades à serviço da comunidade, construindo coisas, alcançando metas, alavancando resultados. Recentemente aprendi com uma pessoa que está aqui hoje — procurei o olhar de Beatriz, ela sorriu — que viemos ao mundo para nos tornarmos seres humanos melhores.

Tomei fôlego.

— Quero dizer à vocês que tenho orgulho de ter sido o braço direito de Edgar na construção desse império que é hoje o Grupo Brandão — no auditório, Beatriz sorriu outra vez. — Nossa empresa — fui adiante — é a melhor no ramo. Nosso time é o melhor! — todos pareciam sorrir em sinal de aprovação — No entanto, sinto no meu coração que quase parou, que fui longe demais para alcançar meus objetivos. Ganhei consciência que atropelei, desrespeitei vários de vocês aqui sentados à minha frente. Não foi uma nem duas vezes que provoquei feridas em muitos de vocês com as minhas palavras rudes, meu jeito de tratar agressivo, minhas decisões movidas por impulsos raivosos. E o pior é que o tempo é capaz de curar as feridas, mas as cicatrizes ficam não é mesmo? Magoei amigos, membros da minha equipe, parceiros e, sobretudo, minha família, Vera e Alexandre. Perdi tudo. Perdi o que eu mais amava e, ao longo deste caminho tortuoso, me perdi de mim também. De repente, naquele quarto de hospital, fiquei me perguntando como eu seria lembrado se tivesse morrido. Não gostei do que concluí. Tive a certeza de que estava fazendo tudo errado. Abençoado o momento em que meu coração parou, dando-me oportunidade de refletir. O que quero dizer é que me arrependo. Arrependo-me do Lucio que fui até minha entrada naquele hospital e venho hoje pedir sinceramente que me perdoem.

Silêncio total.

À minha frente, cabeças baixas, cabeças viradas para o lado, como que prontas para buscar o olhar do vizinho, e cabeças, até mesmo, viradas para cima.

Afastei os olhos do auditório.

Senti minha cabeça também baixar.

Levei a mão ao rosto e não enxuguei as lágrimas.

Novamente tomei fôlego.

Ergui a face à plateia.

Ignorei minha garganta seca.

– Não estou assegurando que nunca mais voltarei a ser o velho troglodita do passado! – risos tímidos na plateia – Sei que vou escorregar, perderei a paciência, vou meter os pés pelas mãos. É nesses momentos que precisarei do *feedback* e apoio de vocês. Quero estar mais perto, ouvindo suas ideias, acatando críticas e sugestões. Confio em vocês. Temos excelentes profissionais no Grupo Brandão, que mais de uma vez já provaram seu valor. Sei que nossa empresa está em excelentes mãos. O que tenho a dizer a vocês é que farei tudo o que estiver ao meu alcance para ser um líder melhor, um amigo melhor, um ser humano melhor. Obrigado.

As palmas iniciaram baixinho, inseguras. Foram crescendo. Cada vez mais altas. Ficaram muito fortes.

Desci do palco em meio a cabeças erguidas, cabeças ainda viradas para o lado, mas agora conversando alto com o vizinho e, com cabeças viradas para cima, parecia não haver mais ninguém.

Enquanto me dirigia ao fundo do auditório aplaudiam de pé. Vera e Alexandre correram para me alcançar. Alexandre foi o primeiro a me abraçar. Desmoronei nos braços do meu filho. Depois abracei Vera, Edgar Brandão, alguns gerentes e colaboradores. Observei pessoas chorando. O último da fila, Jairo Martins. Braços abertos. Poderia recusar-me. Consultei meu coração. A raiva havia sumido. Eu estava experimentando o perdão. Aceitei o abraço. Beatriz Sampaio olhava de longe. Olhava e sorria. Secava lágrimas. Virou-se e afastou-se. Sua missão, sem dúvida, estava cumprida.

Fechei os olhos.

Veio-me à mente, acima de tudo, o abraço do Alexandre. O abraço do meu filho.

* * *

A palestra foi um sucesso. O discurso da Sra. Paz veio corroborar tudo o que eu havia dito. Não só pela comoção durante as falas, mas, sobretudo, pelos largos sorrisos durante a festa. Eu não podia deixar de concluir que os presentes saíram daquela noite muito mais dispostos a serem melhores pessoas. Foi também naquela festa que um rapaz aproximou-se de mim. Parecia constrangido, acuado.

— Seu Queiroz — quando ele se dirigiu a mim observei que ele estava assustado mesmo —, o senhor tem um minuto?

— Claro, meu rapaz. Você é...

— O Fernando Justino. Trabalho na área de produção.

— Ah, sim. Lembro-me do sobrenome. O seu pai foi nosso funcionário durante muito tempo, não é mesmo?

O rapaz firmou o olhar.

— Foi sim — disse e balançava a cabeça, às vezes parecendo que ia afirmar, às vezes parecendo que ia negar. — Foi sim — repetiu, e identifiquei um rancor na voz. — O senhor mandou demiti-lo — completou.

Agora foi minha vez de firmar o olhar no do filho do Justino.

— Para lhe dizer a verdade — senti que minhas palavras iam fazer mais sentido para mim do que para o rapaz —, nem sei lhe dizer o motivo pelo qual o seu pai foi demitido. Quanto tempo faz isto? Sinto muito. Sinto por você, por sua família.

— A empresa alegou, Seu Queiroz, que o meu pai faltava demais ao serviço. Eu era pequeno. Não sei se é verdade. A questão é que, depois da demissão, ele, que já estava envolvido com bebida, mergulhou de cabeça no álcool. E nunca mais parou de beber. Morreu de cirrose hepática há dois anos.

— Sinto muito, Fernando. Nossas ações deixam marcas irreversíveis na vida das pessoas. Se ao menos eu tivesse tido o cuidado de investigar o que estava acontecendo com ele naquela época...

– Olha, odiei o senhor por muito tempo. Depois que meu pai morreu, desejei que o mesmo acontecesse ao senhor. E o seu filho, odiei também o Alexandre. Não me conformava com o destino dele ser diferente do meu. Enquanto eu via meu pai se matando a cada gole, Alexandre ocupava o cargo de gerente de RH na empresa onde o pai dele era o todo poderoso. Hoje vejo que Alexandre foi tão infeliz quanto eu. O senhor destruiu a vida de muita gente. Perdoe-me, o senhor ferrou com a vida de seu próprio filho...

Baixei a cabeça.

– Lamento tanto.

– Foi por isso...

– Isso o quê?

– Que mandei aqueles emails.

Eu poderia dizer que compreendia, mas, naquela hora, só o que pude fazer foi conter a raiva que se avultava em mim.

– Então, foi você?

– Eu precisava descobrir uma forma de me vingar pela morte de meu pai. Não acreditei no seu arrependimento, por isso escrevi. Vou entender perfeitamente se o senhor quiser me demitir... Faltei com o respeito...

– Fernando – fiz sinal com o dedo pedindo para que o rapaz fizesse silêncio –, por favor, não se desculpe. Da sua forma, você também me ajudou. Sei que não existe borracha para apagar o passado, mas de hoje em diante eu te convido a construirmos juntos um futuro diferente nesta empresa – afirmei e notei que a raiva não estava mais lá.

Ofereci a mão para cumprimentar o rapaz, selando o acordo de paz entre eu e o filho do Justino.

Fernando devolveu o aperto de mão.

Naquela noite fui para casa certo de que um novo ciclo iria iniciar em minha vida.

Capítulo 20

Férias
Quarta-feira, 04 de janeiro

FECHADO PARA BALANÇO

Férias.

Depois daquele turbilhão de novidades que aconteceram em minha vida, eu precisava mesmo era de férias.

No dia 24 de dezembro deixei um recado na secretária eletrônica de Beatriz Sampaio avisando que quando voltasse marcaríamos a próxima sessão de *coaching*. No fundo, eu sabia que não estava pronto. Muito havia por fazer para transformar-me num líder melhor, num ser humano melhor.

No Grupo Brandão, tudo combinado. Possuía muitos e muitos períodos vencidos. Na realidade, nem lembrava a última vez em minha vida que havia tirado férias.

Vera e Alexandre só souberam da viagem naquela véspera de Natal quando um mensageiro levou à casa de Vera a cesta que enviei com champanhe, flores, itens natalinos. Eu sabia que Alexandre estaria lá para a ceia. O cartão foi endereçado aos dois.

"*Meus queridos e amados, Vera e Alexandre.*

Desculpem-me se viajei sem me despedir, mas é que realmente estou precisando de um tempo, sozinho, para reorganizar ideias e emoções. Muita coisa aconteceu nas últimas semanas. Hoje tenho um novo coração e quero prepará-lo para dar a vocês todo o amor que sempre mereceram, que eu sempre senti, mas nunca fui capaz de manifestar. Se ainda houver espaço na vida de vocês para acolher este velho cabeça dura, ficarei muito feliz em obter uma segunda chance.

Com amor, Lucio".

E fui. O destino estava escolhido desde que li, há duas semanas, uma reportagem na revista *Isto É Dinheiro* com o título *Pescaria em alto estilo: Onde estão os roteiros mais sofisticados do mundo.* Ficaria hospedado no *Hotel Cumbres Patagónicas,* com vista para o Vulcão Osorno e o Lago Llanquihue, segundo maior lago do país, cheio de trutas arco-íris e salmões coho e salar. Mas, antes, uma passadinha em Santiago para abastecer-me do necessário à pescaria, os waders, coletes, moscas feitas à mão, entre outros apetrechos.

Saboreei cada momento da viagem com o mesmo prazer que saboreei as trutas preparadas pelo *chef* de cozinha disponibilizado pelo hotel para atender os hóspedes/pescadores. O peixe que pescávamos durante o dia, virava jantar à noite.

Durante os momentos de pescaria aproveitei para relaxar e refletir. Fiz uma retrospectiva. Acertos e erros. Apropriei-me dos acertos; perdoei-me pelos erros. Busquei forças dentro de mim para fortalecer-me e voltar ao Brasil mais sábio, mais inteiro. Compreendi que um velho Lucio deu lugar a um novo Lucio, disposto a melhorar.

Doze dias depois, preparava-me para voltar.

Estaria pronto para recomeçar?

Capítulo 21

Aeroporto
Quinta-feira, 05 de janeiro

RESGATANDO VÍNCULOS

A viagem de retorno foi tranquila, e a chegada no aeroporto, surpreendente. Ao passar pelo desembarque, lá estava ele, o meu filho, Alexandre, esperando por mim. Trocamos um demorado abraço, nem eu, nem ele rompemos o silêncio talvez por medo de estragar aquele momento mágico.

Ele pegou o carrinho que eu empurrava, onde estavam as malas e equipamentos de pesca, e fomos caminhando para o estacionamento.

– E aí, velho Lucio Queiroz, muitas histórias de pescador para contar? – perguntou meio sem jeito, como quem só quer puxar assunto.

– Nada de que eu me orgulhe muito. Foi minha primeira experiência. Mas posso dizer que gostei muito, da próxima vez pretendo levá-lo comigo.

– Convite aceito.

– Feito.

—Vou levá-lo em casa.

— Ótimo.

No caminho, conversas sobre trivialidades, nada que pudesse quebrar o clima ameno que havia entre nós até aquele momento: resultado do campeonato brasileiro de futebol, avaliação do governo, e coisas do tipo. Já no meu apartamento, depois de me socorrer com as malas, Alexandre instalou-se no sofá da sala.

Não resisti.

— Sentiu ao menos um pouco de saudades de seu velho apartamento? — perguntei.

— Depois que a raiva passou, senti sim. Na realidade, confesso, senti saudades de você.

— Eu também, meu filho. Não houve um momento de minha viagem em que deixei de pensar em você e em sua mãe.

- Ela também sentiu sua falta, sei disso. Aliás, ela mandou um recado. Pediu para que eu checasse se você anotou o novo número de celular dela. Disse que aguarda sua ligação para um jantar... O que está rolando, hein pai?

— O que está rolando eu não sei, sei o que eu desejo que aconteça...

Alexandre soltou um riso maroto.

—Vou torcer por vocês, tá?

— Quer dizer que a raiva passou?

— Não se pode odiar um pai para sempre, não é mesmo? Você provou que está tentando mudar. Foi muito corajoso o que fez na festa de encerramento do Grupo Brandão.

Respondi-lhe que não tive outro caminho, que precisava de uma segunda chance e esperava ter direito a ela. Alexandre reafirmou que da parte dele faria o possível para me ajudar.

— Sabe pai, também descobri verdades a meu respeito.

Antes que eu o questionasse sobre o que havia descoberto, Alexandre já me explicava que concluiu como era fácil amar e respeitar pessoas simpáticas, agradáveis, gentis, entretanto, o grande desafio seria aprender a lidar com pessoas difíceis. E ele, disse, que pregava tanto valorização e respeito às diferenças, mas não conseguia entender e aceitar o próprio pai.

— Alexandre, não podemos esquecer que eu nada colaborei para facilitar nossa relação.

— Concordo. Mas eu não precisava ter desistido de você.

Precisei discordar de Alexandre. Deixei claro que ele não desistiu de mim. Só me forçou a refletir sobre minhas atitudes, o que fez com que eu me transformasse num ser humano melhor. Disse a ele que eu não poderia prometer que jamais perderia a paciência com as pessoas, ou que sempre saberia a maneira correta de agir para motivá-las, mas podia garantir que iria me empenhar muito nesta missão.

— Sei disso, pai. Percebi honestidade em seu discurso no Grupo Brandão. Também conversei com colaboradores da empresa, eles relataram as mudanças que vem observando em seu comportamento.

Contou-me então que no dia anterior conversara com Denise, lá do Call Center, ela disse que foi impressionante a mudança de postura de várias pessoas da empresa logo na semana posterior ao meu discurso. Segundo Alexandre, Denise presenciou colaboradores dando *feedbacks* positivos uns para os outros. Também soube de pessoas que tiveram conversas transparentes, acertando pontos de divergências, enfim, parece que minha transformação contagiou toda a empresa. Não pude deixar de ficar muito feliz.

— Que notícia boa, meu filho! E em sua nova empresa, como as coisas estão?

— Você quer mesmo saber sobre isso?

— Claro que sim. Sua mãe me fez enxergar que você tem o direito de fazer sua própria trajetória. É claro que as portas do Grupo Brandão estarão sempre abertas para você, assim como as da minha casa, se decidir voltar, mas aceito e apoio suas escolhas.

— Obrigado, pai. Estou feliz na MS Construtora. A gestão da empresa é fantástica. Tudo obra da fundadora Beatriz Sampaio, que implantou o modelo de Liderança Transformadora. Hoje ela não está mais à frente dos negócios, mas a empresa continua sendo referência em gestão.

— É. Comigo também funcionou.

— Como assim?

— Ela é minha *coach*. Você não a viu na festa de encerramento do Grupo Brandão?

— Não. Como assim ela é sua *coach*? Ela é irmã do Jairo Martins.

— Eu sei. Descobri recentemente. Parece que a família Martins veio ao mundo para colaborar com o meu crescimento...

— Mas você não odeia o Jairo?

— Como posso odiar alguém que me ajudou a sair da zona de conforto e que hoje está dando tanta oportunidade de crescimento ao meu filho?

— Nossa, pai. Fico muito feliz. Sabe, foi ele quem me convenceu a aceitar seu convite para ir naquela festa do grupo Brandão. Ele me fez perceber que eu também precisava amadurecer.

— É... Só espero que eu não tenha que começar a jogar futebol com os meus vendedores, não tenho preparo físico para tanto...

Rimos juntos, eu e Alexandre. Depois fomos para cozinha preparar um almoço, sem pressa, curtindo a presença um do outro. Tivemos uma tarde que ficará em nossas memórias para sempre. Pai e filho. Sabíamos que dali em diante repetiríamos o momento mágico muitas e muitas vezes.

Capítulo 22

Consultório de Beatriz Sampaio
Segunda-feira, 09 de janeiro

A LIÇÃO MAIS IMPORTANTE DE TODAS

Nove de janeiro. Ano novo. Vida nova. Lá estava eu no consultório de Beatriz pronto para uma nova lição. Algo me dizia que essa minha trajetória com ela estava por concluir. Àquela altura da caminhada, o velho Lucio não dava mais as cartas, um Líder Transformador se consolidava dentro de mim.

Naquele dia, ela já me esperava na porta da sala cumprimentando-me com um largo sorriso e perguntando-me a respeito das férias.

— Ótimas e revigorantes, mas, acima de tudo, esclarecedoras — disse e fui sentando na confortável poltrona, velha amiga.

Beatriz me seguiu com passos que achei duros, diferentes daquela atitude à vontade e segura dos encontros anteriores.

— Esclarecedoras? — perguntou ela.

— Isso mesmo. Tantas novidades aconteceram. Eu precisava de um tempo longe de tudo para organizar os pensamentos.

Beatriz sentou-se à minha frente, na beirada da poltrona. Por um instante, mordeu os lábios e baixou o olhar.

— Funcionou — disse ela, aliás, afirmou e levou o corpo mais para trás no assento.

— Absolutamente, Beatriz. Hoje sou um novo homem e devo boa parte disso a você.

Ela balançou a cabeça e esboçou um meio sorriso.

— O mérito foi seu, Lucio.

— Eu sei que precisei ter coragem para abandonar velhos paradigmas, mas acontece que não conhecia o caminho e você me apontou direções. Obrigado!

Beatriz continuou com o movimento rítmico da cabeça. O corpo, como que desconfortável, parecia não encontrar posição certa na poltrona.

— O que te incomoda, Beatriz?

Beatriz ergueu o olhar.

— ... e todo aquele mal entendido...

Fui eu agora que me ajeitei.

— Sei. Foi uma triste coincidência... Quer saber? Talvez tenha sido uma feliz coincidência. Parece que voltei aonde tudo começou, para fechar o ciclo de renovação em minha vida.

Contei a Beatriz minha conversa com Alexandre, os *insights* que tivemos juntos, os momentos de carinho, cumplicidade. Falei também sobre minha capacidade de rever conceitos sobre as pessoas à minha volta, entre elas, o Jairo Martins, e o quanto isso estava sendo decisivo em minha transformação. Notei que os olhos dela se encheram de lágrimas.

– O que houve, Beatriz?

– Emociona-me sua coragem. Aliás, o que você fez em sua empresa, foi incrível. Mas não estou falando só daquele momento do discurso. Realmente, você incorporou as mudanças necessárias para ser um Líder Transformador e tem realizado, mesmo sem perceber, os papéis que compete a quem decide lançar-se nesta trajetória. Deixe-me mostrar algo que anotei em nosso quadro branco.

– Lá vamos nós novamente para o momento de sala de aula. – dei uma risada apreciando a fisionomia de Beatriz. Ela se fingia de ofendida, eu sabia, para entrar na brincadeira.

– Fique à vontade para rir, não sou professora. Só alinhavei meia dúzia de conceitos enquanto esperava você chegar – disse e caminhou ao quadro.

Pulei à frente dela, girei o quadro, que estava com a parte da frente voltada para a estante com livros.

– Muito obrigada, *cavalheiro*.

– Não há de que, *professora*.

Beatriz ignorou minha chacota.

– Aqui – ela iniciou já em voz alta – apresento a você as atitudes do Líder Transformador.

Sentei-me e fixei-me na lista.

Preocupado com o desenvolvimento das pessoas
Estimula formas diferentes de pensar
Propicia o questionamento
Proporciona o debate
Inspira, entusiasma, estimula
Lança pessoas à ação
Converte seguidores em líderes
É orientador e conselheiro individual

— Observe, meu caro Lucio — Beatriz apontou para as frases —, que, pouco a pouco, você adota cada um destes comportamentos.

— Ao menos estou me esforçando. O mais impressionante é que comecei a fazer várias destas coisas sem ao menos saber se estava fazendo a coisa certa. Quando coloquei em prática as lições do Líder Transformador os passos foram meio que óbvios.

— Sem dúvida.

— E por falar em lições, se não me engano, está faltando uma.

— Você tem razão. Falta a mais importante.

— Que é?

— Primeiro vamos verificar se você aprendeu mesmo todas as outras. A primeira é...

Enchi o peito de ar e discorri.

– **Descubra quem você é.** Posso dizer que foi dolorido, Beatriz, mas precisei saber de onde eu estava partindo para começar minha caminhada.

– Isso.

– **Identifique como você é visto pelos outros.** Nesta etapa, os instrumentos de avaliação que você me forneceu foram de grande auxílio, mas só a coragem de conversar com as pessoas, cara a cara, é que me permitiram enxergar como eu era visto por elas.

A seguinte, veio sem esforço.

– **Aceite-se integralmente.** Aceitar meu lado sombra foi duro. A tendência do ser humano é esconder seus aspectos menos nobres debaixo do tapete. Encontrei cobras e lagartos, mas esta é a única forma de mudar, apropriando-nos de todas as nossas facetas, as nobres e as não tão nobres, não é mesmo?

– Sim. Você mostrou muita coragem. E a quarta lição?

– **Mostre o seu melhor.** Esta lição deu um trabalho danado e foi a mais longa, pois depois de entrar em contato com minha versão completa, precisei aprender caminhos para fortalecer meus melhores aspectos, incorporar novas competências que não faziam parte do rol de meus conhecimentos, habilidades e atitudes. Os livros e filmes que assisti auxiliaram muito, assim como suas dicas. No entanto, foi na prática que consolidei os princípios da escuta empática, do diálogo, do *feedback*, da capacidade de pedir perdão e perdoar, de respeitar as pessoas.

– Esta é sem dúvida a etapa mais longa da transformação. E só consegue ser um Líder Transformador quem começa o processo tendo coragem de se transformar.

O sentimento foi mesmo o de aluno modelo. Como poucas vezes na vida, aquela sensação rara e reconfortante de boa nota nas provas finais.

— E a quinta lição — perguntei —, qual é quinta e última, Beatriz? Já conquistei o direito de recebê-la?

— Claro que sim, meu nobre Lucio. A última lição é a mais importante, porque aí começa o seu verdadeiro papel como Líder Transformador. Até agora você estava trabalhando em seu crescimento. É claro que as mudanças não acontecem de forma isolada, ao se transformar, você influenciou quem estava à sua volta, porém chegou a hora de fazer disso uma missão. O último ensinamento é o seguinte, Lucio:

> **AUXILIE OS OUTROS EM SUA JORNADA.**

— Você está me falando sobre ajudar pessoas a serem melhores?

— Em última instância, este é o propósito de nossas vidas.

— Acredite, vou me empenhar para cumprir com louvor minha missão.

— Você está pronto, meu caro Lucio. Já podemos encerrar nosso trabalho de *coaching*.

— Quer dizer que fui aprovado, professora?

— Com louvor, meu querido amigo. Com louvor!

Eu sabia que nos encontraríamos muitas outras vezes, que aquele momento não se tratava de um "adeus". Despedi-me dela com um abraço. Como a encontrara naquela dia, ela permaneceu de pé na porta com um largo sorriso. Eu não perderia de vista uma mulher genial como Beatriz Sampaio.

— Até logo, Lucio.

Senti o olhar dela acompanhar-me ao elevador. Definitivamente não se tratava de um "adeus", eu preservaria o contato. Recorreria a ela quantas vezes fossem necessárias, mas também manteria a amiga por perto, uma vez que nossa relação havia transposto os muros profissionais.

Naquele dia, deixei o prédio do consultório disposto a colocar em prática minha última lição com toda maestria que eu fosse capaz, por todo o tempo neste mundo que o bom Deus me concedesse pela frente: **Auxilie os outros em sua jornada.**

Capítulo 23

Hospital Cardio Help
Ainda segunda-feira, 09 de janeiro

DE VOLTA, ONDE TUDO COMEÇOU

Eu mal havia entrado em meu carro, refletindo sobre tudo o que conversara com Beatriz, quando o telefone tocou. Era Denise. Sua voz manifestava sentido de urgência.

– O bebê de Suzana? O que tem o bebê de Suzana?

– Acaba de nascer, estamos na maternidade, parece que não vai sobreviver, tem um problema cardíaco grave...

Por um instante, achei que meu coração não aguentaria a notícia.

– Calma, Denise. Respire. E Suzana?

– Ela está inconsciente, o parto foi complicado. O que faço, Lucio?

– Providencie transferência imediata para o Cardio Help.

– Cardio Help?

– Hospital Cardio Help. Você não me disse que ficou com uma procuração para resolver qualquer eventualidade durante o parto?

— Ela fez isso. Não tem família. Pediu que eu olhasse pelo bebê, caso algo acontecesse a ela...

— Pois é, hora de agir, Denise. Transfira o bebê para o hospital. Estou indo encontrá-los lá.

— O plano de saúde...

— Denise, agora!

— Ok, Lucio. Obrigada.

Quinze minutos depois eu estava no Cardio Help. Cheguei antes da transferência do bebê ser efetivada. Conversei com o coordenador da equipe cirúrgica. Eles fizeram contato com a maternidade e confirmaram o diagnóstico: hipoplasia do coração esquerdo, ou o que fosse. Não havia tempo a perder.

Para salvar a vida do recém-nascido seriam necessárias três cirurgias ao longo dos seus dois primeiros anos, a fim de reconstruir o coração de forma que o lado direito pudesse bombear o sangue para o corpo. A primeira cirurgia precisava ocorrer imediatamente; a segunda, quando a criança tivesse de quatro a seis meses; e a última, por volta dos dois anos de idade. O custo para realização da primeira etapa, anunciou o médico, passava de R$ 25.000,00. Isso sem falar dos medicamentos pós-cirúrgicos indispensáveis e extremamente caros. Nada disso seria coberto pelo seguro do Grupo Brandão.

Eu sabia o que deveria ser feito.

Autorizei os procedimentos. Assim que o bebê chegou, foi levado direto para a sala de cirurgia. Nos três dias seguintes, eu e Denise nos revezamos na sala de espera, até que Suzana obteve alta. Quando, enfim, ela chegou ao

Cardio Help, o filho já estava na Unidade de Tratamento Intensivo, e parecia fora de perigo.

Levantei os olhos ao vê-la entrar na recepção do hospital, onde eu aguardava pelo médico cirurgião para saber os progressos do garoto ainda sem nome. Apoiava-se no braço de Denise, parecendo caminhar com dificuldade devido à cesariana emergencial que se submetera.

Antes que eu pudesse decidir meu modo de agir, ela jogou-se em meus braços, chorando alto.

– Meu filho... não imaginei...a cirurgia...me perdoe...

Envolvi o corpo trêmulo de Suzana em meus braços, procurava tranquilizá-la com o tom de voz.

– Está tudo certo, tudo vai ficar bem. Ele é um garoto forte.

– Ainda não vi meu filho.

As enfermeiras conduziriam Suzana até a U.T.I. Denise ofereceu-se para acompanhá-la. Preferi não ir junto. Seria um momento entre mãe e filho.

Enquanto elas se afastavam percebi que aquele bebê era minha primeira missão. Seu tratamento estava só começando, mas decidi que cuidaria de tudo, durante toda vida dele se necessário, para dar-lhe uma chance de sobreviver. E se Suzana me permitisse, além dos cuidados com saúde, daria afeto, apoio, segurança, bons exemplos. Faria por ele tudo o que não fiz pelo meu filho.

Quem sabe eu poderia convidar Vera para me acompanhar nessa jornada. Com um pouco de sorte talvez Suzana nos escolhesse para padrinhos.

Grande oportunidade de recomeço.

Assim termino a história onde tudo começou. O protagonista que vos fala não é mais o mesmo. Sei que sou um novo Lucio, com um novo *script*: um Líder Transformador. E aquele garoto recém-operado ainda desconhece que, mesmo antes de sair da barriga da mãe, já havia salvado minha vida!

www.dvseditora.com.br

GRÁFICA PAYM
Tel. [11] 4392-3344
paym@graficapaym.com.br